L'AUTORE

Pierluigi Romeo di Colloredo Mels è nato a Roma nel 1966. Archeologo e storico militare, è autore di numerosi lavori sulla storia delle due guerre mondiali e dei conflitti del periodo interbellico, Etiopia e Spagna, e delle unità della MVSN. Tra i suoi ultimi lavori ricordiamo *Camicia Nera! Storia delle unità combattenti della Milizia Volontaria Sicurezza Nazionale dalle origini al 25 luglio*, *Südfront. Il Feldmaresciallo Albert Kesselring nella campagna d'Italia 1943- 1945*; *Da Sidi el Barrani a Beda Fomm 1940- 1941*; *Per vincere ci vogliono i leoni... I fronti dimenticati delle camicie nere, 1939- 1940*; *Controguerriglia! La 2a Armata italiana e l'occupazione dei Balcani 1941- 1943*; *Confine orientale. Italiani e slavi sull'Amarissimo dal Risorgimento all'esodo*; *Giugno 1940. La battaglia delle Alpi*. In questa collana ha pubblicato Le Camicie Nere sul Fronte russo 1941- 1943 (WtW 17)

E' redattore di Storia Rivista e collabora con le riviste Nova Historica, Storia in Rete, Ritterkreuz, Fronti di guerra e Il Primato Nazionale.

PUBLISHING'S NOTES

None of unpublished images or text of our book may be reproduced in any format without the expressed written permission of Luca Cristini Editore (already Soldiershop.com) when not indi-cate as marked with license creative commons 3.0 or 4.0. Luca Cristini Editore has made every reasonable effort to locate, contact and acknowledge rights holders and to correctly apply terms and conditions to Content. Every effort has been made to trace the copyright of all the photo-graphs. If there are unintentional omissions, please contact the publisher in writing at: in-fo@soldiershop.com, who will correct all subsequent editions.

Our trademark: Luca Cristini Editore@, and the names of our series & brand: Soldiershop, Wit-ness to war, Museum book, Bookmoon, Soldiers&Weapons, Battlefield, War in colour, Histori-cal Biographies, Darwin's view, Fabula, Altrastoria, Italia Storica Ebook, Witness To History, Soldiers, Weapons & Uniforms, Storia etc. are herein @ by Luca Cristini Editore.

LICENSES COMMONS

This book may utilize part of material marked with license creative commons 3.0 or 4.0 (CC BY 4.0),(CC BY-ND 4.0), (CC BY-SA 4.0) or (CC0 1.0). We give appropriate attribution credit and indicate if change were made in the acknowledgments field. Our WTW books series utilize only fonts licensed under the SIL Open Font License or other free use license.

For a complete list of Soldiershop titles please contact Luca Cristini Editore on our website: www.soldiershop.com or www.cristinieditore.com. E-mail: info@soldiershop.com

---

Titolo: DIAVOLI BIANCHI! IL BATTAGLIONE ALPINI SCIATORI "MONTE CERVINO" 1941- 1943
Code.: **WTW-019 IT** Di Pierluigi Romeo di Colloredo Mels
ISBN CODE: 978-88-93276726 prima edizione novembre 2020 (ebook ISBN 9788893276733)
Lingua: Italiano Nr. di immagini: 121 dimensione: 177,8x254mm Cover & Art Design: Luca S. Cristini
WITNESS TO WAR (SOLDIERSHOP) is a trademark of Luca Cristini Editore, via Orio, 35/4 - 24050 Zanica (BG) ITALY.

WITNESS TO WAR

DIAVOLI BIANCHI!
IL BATTAGLIONE ALPINI SCIATORI
"MONTE CERVINO"
1941- 1943

PHOTOS & IMAGES FROM WORLD WARTIME ARCHIVES

PIERLUIGI ROMEO DI COLLOREDO MELS

BOOKS TO COLLECT

INDICE

-Prefazione del Tenente Colonnello Giulio Lepore, Direttore del Museo Nazionale Storico degli Alpini Pag. 5

-La nascita del battaglione Alpini Sciatori *Monte Cervino* e l'impiego sul Fronte greco Pag. 9

-La ricostituzione del battaglione *Monte Cervino* e l'invio in Russia. Pag. 21

-L'impiego operativo sul Fronte orientale: dalla Prima battaglia difensiva del Don alla ritirata Pag. 33

-Il *Monte Cervino* oggi Pag. 57

-Bibliografia Pag. 97

**OPERA PUBBLICATA CON LA COLLABORAZIONE
DEL MUSEO NAZIONALE STORICO DEGLI ALPINI**

www.museonazionalealpini.it

PREFAZIONE DEL TENENTE COLONNELLO GIULIO LEPORE, DIRETTORE DEL MUSEO NAZIONALE STORICO DEGLI ALPINI

Monte Cervino.
Per chi ama la montagna Monte Cervino è il nome di una vetta straordinaria, i suoi imponenti 4478 metri svettano maestosi e sovrastano le altre cime, questo nome suscita rispetto e ammirazione.
Nella storia degli Alpini, il nome Monte Cervino è leggenda, è stato dato al Battaglione di truppe scelte nel corpo scelto, esso è sinonimo di eroismo, fermezza, sacrificio e dovere.
L'origine del Battaglione Monte Cervino, affonda le proprie radici nell'evoluzione del Corpo, forgiato dalle necessità imposte dalla guerra e dal specifico ambiente operativo nel quale gli Alpini hanno sempre dovuto operare.
Nella genesi e nella formazione del Battaglione *Monte Cervino* due sono gli aspetti determinanti. Il primo elemento fondamentale che ha caratterizzato il battaglione Monte Cervino è l'uso dello sci. Nel 1902, agli albori dell'impiego dello sci nei reparti Alpini, vennero previsti degli uomini addestrati all'utilizzo del nuovo mezzo: dapprima, erano pochi per compagnia (3a skiatori), ma col tempo vennero creati i plotoni skiatori che avevano compiti di ricognizione; successivamente, durante la prima guerra mondiale, nacquero le compagnie skiatori formate da tre plotoni, compagnie che poi vennero raggruppate due a due nei diversi battaglioni. Terminate le esigenze dettate dal conflitto, questi battaglioni vennero sciolti: l'esperienza maturata sul campo confermò l'efficacia sia del nuovo mezzo che di queste unità specializzate. Il secondo elemento incluso nel dna del Battaglione Monte Cervino è legato alle Fiamme Verdi e cioè, a quelle unità di assalto che nacquero ed operarono tra il '17 e '18: le compagnie di "Fiamme verdi" e i reparti di assalto interamente di alpini: il 3° Reparto di Assalto, il 29° Reparto di Assalto e il 52° Reparto di Assalto.
Nello stesso quadro si inserisce la temeraria operazione di intelligence e ricognizione, a seguito dell'ardimentoso aviolancio dietro le linee nemiche del Tenente Pier Arrigo Barnaba (MOVM) con il Tenente Alessandro Tandura (MOVM) nel '18.
Queste due peculiarità sono sostanziali nell'essenza del *Monte Cervino*, nascono dall'esigenza della guerra di montagna, una guerra speciale che, a suo tempo, aveva determinato proprio la nascita del Corpo; le operazioni che avrebbero dovuto condurre gli alpini, proprio per i vincoli imposti dall'ambiente montano, dovevano essere conseguite con le tecniche della guerriglia, operando in piccoli gruppi isolati: questa dottrina nel condurre le operazioni fu la principale caratteristica che distinse gli Alpini in entrambi i conflitti. Il Monte Cervino, esaltò questa peculiarità, di essere impiegato in piccoli nuclei autonomi capaci di operazioni particolari e estremamente ardimentose.
Negli anni trenta, con la nascita delle gare reggimentali, la consapevolezza di dover addestrare il personale e la nascita della Scuola Militare Alpina, si pose il giusto rilievo anche all'impiego dello sci. Dopo l'utilizzo con successo dei reparti sciatori e arditi* (*il Btg. *Duca degli Abruzzi* Reparto Autonomo *Monte Bianco* col Reparto Arditi Alpieri) nella campagna di Francia, vennero formati due battaglioni sciatori, il *Monte Cervino* e il *Monte Rosa* con uomini scelti

provenienti dalla Scuola e dai Reggimenti alpini: vennero entrambi mandati in Albania all'inizio del '41 e furono poi disciolti a maggio al termine la guerra con la Grecia.

Il *Monte Cervino* viene ricostituito nell'ottobre del '41 dal Ten. Col. D'Adda per essere mandato a combattere in Russia prima con lo C.S.I.R e poi nell'ARMIR. Gli alpini, tutti volontari, "dovevano saper sciare ed essere disposti a tutto". In Russia nasce la leggenda dei "*Satanas Bieli*" (i "diavoli bianchi" come erano chiamati i Cervinotti dal nemico); soldati scelti, gli uomini dell'impossibile, 600 leoni che affrontarono con incredibile coraggio tutte le difficoltà e le battaglie: di tale ardimento sono testimoni le 3 medaglie d'oro, le 42 medaglie d'argento, le 68 medaglie di bronzo, le 81 croci al valore, la maggior parte delle quali attribuite alla memoria; ma a testimonianza del loro valore, del sacrificio e dello sprezzo del pericolo, rimangono solo i settantacinque superstiti che rientrarono in Patria.

Nel dopoguerra viene condotto uno studio dal Colonnello Scotti, delle Truppe Alpine, per valutare l'efficacia dell'impiego del paracadute in montagna, così nel 1 settembre del 1952 nasce il 1° Plotone Alpini Paracadutisti in organico alla "*Tridentina*"; seguiranno poi, nel 1953, i plotoni in organico alle altre Brigate: unità sempre costituite su base volontaria.

Il 1 aprile 1964, per rendere poi organico e sotto un unico comando l'impiego dei plotoni, essi vennero riuniti a Bolzano, costituendo la Compagnia Alpini Paracadutisti.

La Compagnia Alpini Paracadutisti, nel 1990, ebbe infine l'onore di ereditare il nome di "*Monte Cervino*".

Nel luglio del 1996 la Compagnia Alpini Paracadutisti "Monte Cervino" venne elevata al rango di battaglione, con la stessa denominazione.

La peculiarità e le effettive capacità del battaglione, legate alla nuova esigenza di creare un bacino di forze speciali in seno all'Esercito, malgrado la riforma in atto in senso riduttivo della Forza Armata che prevedeva la riduzione organica di unità, fanno sì che nel settembre 2004, esso venga elevato al rango di Reggimento, acquisendo la bandiera di guerra e il nome del glorioso 4 Reggimento Alpini.

L'evoluzione di questi soldati scelti, eredi della tradizione del *Monte Cervino* è inarrestabile, e con il conseguimento da parte del personale della qualifica di operatore *Ranger*, il 4 Reggimento Alpini Paracadutisti diviene un reparto di Forze Speciali dell'Esercito Italiano.

Ho avuto l'onore e il privilegio di prestare servizio sia nel Battaglione *Monte Cervino*, sia nel 4 Reggimento Alpini Paracadutisti, dal grado di Sten a quello di Ten. Col.; ho avuto il privilegio di comandare la 2 Compagnia Alpini Paracadutisti e di battezzarla "*Angeli neri*", ho conquistato la qualifica di *Ranger*, ho amato e maledetto un reparto unico al mondo, come unici sono gli uomini e i ragazzi che vi appartengono: al di là della tecnologia, della specializzazione e dell'addestramento, ciò che ci accompagna e sempre ci guiderà è la irremovibile consapevolezza di chi siamo oggi e il dovere di essere sempre degni del nome che portiamo, in onore di chi ci ha preceduto.

Tenente Colonnello Giulio LEPORE,
Direttore del MuseoNazionale Storico degli Alpini

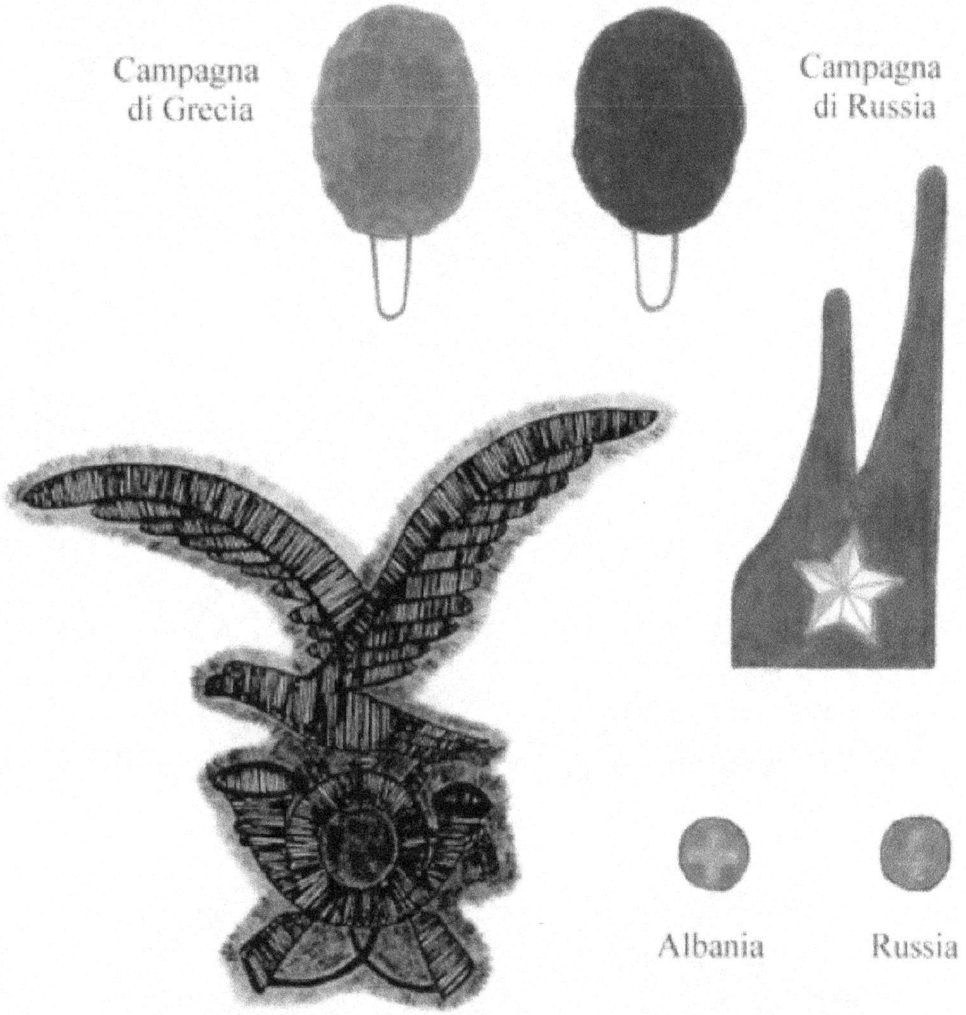

▲ Aquila da berretto e fiamme verdi del Battaglione Monte Cervino. La nappina era blu (Scuola Alpina di Aosta) in Grecia, rossa in Russia.

▼ Distntivo del battaglione Sciatori Monte Cervino.

▲ Cartolina del battaglione *Duca degli Abruzzi*. La cartolina è opera del pittore Tafuri.

▼ Medaglia del battaglione *Duca degli Abruzzi*.

LA NASCITA DEL BATTAGLIONE ALPINI SCIATORI *MONTE CERVINO* E L'IMPIEGO SUL FRONTE GRECO

Allo scoppio del conflitto contro la Francia la Scuola Militare Alpina di Aosta aveva messo in linea, per venire impiegato sul fronte occidentale, un battaglione formato da personale altamente selezionato, il battaglione *Duca degli Abruzzi*, che cessata l'emergenza sul fronte alpino fu sciolto proprio il giorno in cui l'invasione italiana della Grecia aveva inizio, il 28 ottobre 1940.

Già il nome del battaglione indicava l'altissima specializzazione. Luigi di Savoia Aosta, duca degli Abruzzi, era figlio di Amedeo di Savoia re di Spagna e fratello di Emanuele Filiberto, comandante della 3a Armata nel primo conflitto mondiale, ammiraglio di Squadra, Aapinista, esploratore artico, era stato uno dei pionieri dell'Alpinismo d'alta quota, scalando per primo, oltre a numerosissime cime alpine, le cime del Mount St Elias (1897: 5.489m, la più alta montagna del Nord America) e del monte Ruwenzori (1906: 5.109 m.. punta Margherita, così battezzata in onore della regina d'Italia, e Alessandra), sino ad allora mai raggiunte dall'uomo; compì spedizioni in Alaska, Polo Nord (1899- 1900, sulla *Stella Polare* il duca degli Abruzzi raggiunse la massima latitudine artica di 86° 33' 49" sino ad allora raggiunta dall'uomo), in Somalia e sul Karakorum dove scalò le pendici del K2 (1909: pur senza arrivare in cima, raggiunta solo nel 1954, conquistò il record mondiale di altitudine), primo europeo, e circumnavigò il globo tre volte. Nella Grande Guerra il duca degli Abruzzi comandò la flotta italiana in Adriatico. Dedicatosi alla colonizzazione agricola, fondò un villaggio modello in Somalia, a Giohar (*Villaggio Duca degli Abruzzi*) dov'era sepolto fino alla distruzione della sua tomba ed alla dispersione dei resti ad opera di milizie islamiche nel 2006.

Dopo l'ordine di scioglimento del battaglione, a dicembre arrivò il contrordine: bisognava costituire nuovamente un battaglione formato da soldati scelti, guide alpine e maestri di sci, senza vincoli matrimoniali, da inviare al più presto in Albania. Questa unità d'*elite* venne formata con personale della Scuola Militare Alpina di Aosta e da membri del 4° reggimento Alpini reclutati nelle montagne piemontesi, e venne denominato come un glorioso battaglione della Grande Guerra, il *Monte Cervino*, costituito nel 1915 nell'ambito del 4° reggimento e sciolto nel 1919, di cui ricevette bandiera e tradizioni, compresa la medaglia d'Argento al gagliardetto[1]:

> Il battaglione *Cervino* sotto una tempesta di fuoco, stremato di numero ma non di forza, resisteva accanitamente in grave situazione a soverchianti forze nemiche, coprendosi di gloria, a prezzo di purissimo sangue, per la sovrumana passione eroica dei suoi Alpini che dettero sempre fulgido esempio del più alto spirito di sacrificio.
>
> — Melette, 17-26 novembre 1917; M. Bisorte, maggio 1916; Bodrez, 15-18 maggio 1917; Vodice 26-30 maggio 1917; M. Fior, 4 dicembre 1917.

---

1 I battaglioni non hanno bandiera di guerra.

Tutti gli appartenenti al neocostituito battaglione erano, come detto, maestri di sci e guide alpine, ciò che faceva del reparto il migliore tra le truppe da montagna delle varie parti in conflitto quanto a selezione ed addestramento del personale; tra i vari requisiti per l'arruolamento c'era anche il celibato. Il battaglione si caratterizzava anche per il grido di guerra: *Pista!* anziché i tradizionali *Savoia!* o *Avanti Alpini!* La nappina era azzurra come quella della Scuola di Aosta.

Come altre unità inviate in tutta fretta dalla madrepatria, il *Cervino* funse da tappabuchi per chiudere le falle create dalle continue azioni offensive greche.

Sbarcati a Durazzo il 18 gennaio, gli Alpini erano passati direttamente dalla nave ai camion che li avevano portati a Tepeleni, donde, a piedi, avevano raggiunto subito la posizione assegnata sul Mali Trebescines, a Dragoti.

Il 21 gennaio 1941 il *Cervino* ebbe i primi morti sul fronte greco, colpiti da un tiro di mortaio proveniente dalle line greche.

Il battaglione inquadrava 340 uomini su due compagnie, più un plotone comando.

La posizione assegnata al *Cervino* era una posizione allora sguarnita, alla congiunzione di due grandi unità. Contro questo punto debole si scatenò lo sforzo ellenico; per tre giorni il *Cervino* combatté senza poter ricevere viveri.

Eccoil ricordo di un ufficiale superstite, il tenente Cossard:

> Non facemmo a tempo a conoscere i nostri uomini: quando si cercò di riassumere i fatti per iscritto, solo eccezionalmente fu possibile dare un nome all'alpino che avevamo visto cadere accanto a noi.

Il 23 ed il 24 gennaio le due compagnie del battaglione, combattendo separatamente, ebbero 14 morti e 37 feriti e 21 dispersi.

Nei primi giorni le compagnie furono subito private dei comandanti: vennero uccisi i due comandanti, i capitani Brillarelli e Mautino; cadde ucciso anche l'aiutante maggiore Astorri, che era voluto uscire con una pattuglia. Il battaglione non ricevette avvicendamenti, turni di riposo, raramente il rancio riusciva ad arrivare caldo in prima linea, quando arrivava: come scrive una cronaca postbellica,

> Per tutto un mese durò la sua battaglia, combattuta per plotoni e e per squadre, davanti al nemico oppure alle sue spalle aggregati ora a questa ora a quella divisione di fanteria, spesso senza collegamenti, cosicché le più gravi decisioni le pigliavano talvolta i caporali. Tutta la Undicesima Armata conobbe presto quei meravigliosi soldati dalla nappina azzurra, i "*Cervinotti*" che non andavano mai a riposo e che lasciarono l'Albania soltanto quando restarono in sessanta, col comandante Anelli ed alcuni ufficiali feriti all'ospedale e gli altri sottoterra.[2]

---

[2] D. Agasso, "Gli sciatori della morte", *Storia illustrata*, Anno II n°2, febbraio 1958, pag.57.

Le perdite tra gli ufficiali furono tali che per alcuni giorni il comando del battaglione venne tenuto da due sottotenenti.

Un'altra volta un sottufficiale, Giacomo Chiara, un piemontese di Alagna Sesia, si trovò ad essere il più elevato di grado del *Monte Cervino* mentre gli *euzones* greci attaccavano i resti del battaglione dopo un durissimo tiro di artiglieria.

Chiara restò accovacciato al riparo fino al momento in cui il nemico scattò all'attacco; quando sentì l'alto grido dei greci, saltò sul punto più alto della trincea, dritto in piedi, colossale, col mitragliatore imbracciato come un fuciletto da ragazzi, e prese subito a sparare e sparare, cambiando l'arma, sempre eretto in tutti i suoi due metri in mezzo alle pallottole, solo davanti al nemico, tranquillo, preciso, invulnerabile. Discese soltanto quando il nemico tornò indietro, e tutti gli Alpini gli saltarono addosso ridendo e piangendo per toccarlo; era proprio incolume, non un graffio, voleva soltanto bere, guadagnandosi la fama di essere fortunato e di portar bene: quando i superstiti tornarono ad Aosta, tutti volevano vedere e toccare Chiara, promosso aiutante di battaglia; quando entrava in una camerata di reclute, tutti si mettevano sull'attenti e quando usciva gli andavano dietro come in processione.

Un mese dopo il suo arrivo in Albania, il *Cervino* aveva praticamente cessato di esistere come reparto organico; aveva combattuto una sola, continua battaglia, senza però poter venire utilizzato per gli scopi per cui era nato: infiltrazioni, colpi di mano, né poter utilizzare gli sci per le particolari condizioni climatiche che alternavano senza soluzione di continuità neve e fango.

Il 5 marzo ciò che restava del battaglione venne inviato sul Mali Scindeli, dove rimase sino al 10 aprile, riducendosi alla forza di un plotone. Le perdite del battaglione sul fronte greco furono di 14 ufficiali morti o feriti su 19 (compresi otto rimpiazzi), 8 sottufficiali morti o feriti su 13, e 153 Alpini uccisi o feriti su 208.

Al battaglione venne concessa la Medaglia d'Argento con la motivazione seguente:

> Durante tre mesi e in una situazione particolarmente delicata, con mirabile spirito di sacrificio e fede incrollabile, vincendo i rigori di un duro inverno, manteneva il possesso di un ampio fronte di alta montagna, aspramente conteso da forze soverchianti. Presente ovunque, ardito nella tormenta della montagna e nelle tormente di fuoco, con indomito valore opponeva tenace resistenza, stroncando l'impeto del nemico in cruenti attacchi e piombando fulmineo sui fianchi e sul tergo dell'avversario, rompendo le formazioni. Dimostrava così che più che il numero e l'arma vale il coraggio.
>
> *Fronte greco, 10 gennaio 1941 – 23 aprile 1941.*

In primavera il maggiore Salomone, nuovo comandante del battaglione, riportò in Italia sessanta uomini, tra i quali il sottufficiale Maltempi di Domodossola, mutilato di una gamba; ed il tenente medico Lincio, ferito anche lui, ma recuperato prima che cadesse in mano al nemico.

▲ La "Pattuglia Militare" della Scuola Alpina di Aosta vincitrice della gara dimostrativa di Biathlon alle Olimpiadi di Garmisch del 1936. La gara si svolgeva su un percorso di 25 km con 600 metri di dislivello. La pattuglia italiana, composta come da regolamento da un ufficiale, un sottufficiale e due soldati, completo' il percorso in 2h 28' e 35" battendo nell'ordine Finlandia, Svezia e Austria, Il battaglione Duca degli Abruzzi venne formato con questo tipo di personale, tutti guide alpine e maestri di sci; si noti il caratteristico equipaggiamento in canapa bianca.

▼ Il ten. col. D'Adda (sin.) comandante del 'Monte Cervino' con il cap. Giuseppe Lamberti.

▲ Pattuglia del battaglione Monte Cervino sul Mali Trebescines nell'inverno 1941. Sono ancora in uso le giberne in cuoio grigioverde.

▼ Fronte greco. Alpini sciatori del "Cervino" in marcia in montagna nell'inverno 1941.

▲ Pattuglia del Monte Cervino sul Mali Trebescines nell'inverno 1941.

▼ Una pattuglia Alpini sciatori in marcia sul Mali Trebescines nell'inverno 1941. Il moschetto è il 91/38 lungo; successivamente venne sostituiro dal 91/38 TS corto con baionetta ripiegabile.

▲ Alpini del Cervino in azione sul Mali Trebescines.

▼ Alpini sciatori in marcia nella neve nell'inverno 1941.

▲ Una pattuglia di sciatori del Cervino in esplorazione.

▼ Sciatori del Monte Cervino sul Mali Trebescines, 1941.

▲ Il tenente colonnello Mario D'Adda, comandante del battaglione in Russia.

▲ Il rancio dell'80ª compagnia Armi d'Accompagnamento.

▼ La compagnia schierata prima della partenza per il fronte russo.

▲ Il Principe di Piemonte Umberto di Savoia incontra gli Alpini del Monte Cervino in procinto di partire per il fronte russo. Accanto ad Umberto è il comandante D'Adda.

▼ Passo del Brennero, 1941. Due Alpini del "Monte Cervino". Si noti la divisa con i pantaloni lunghi da sciatore e la buffetteria in tela Bianca 32 (per gentile concessione del Museo Nazionale storico degli Alpini).

▲ L'Alpino Osvaldo Bartolomei della 80ª Compagnia AA fotografato in Russia nell'estate del 1941. Indossa la tipica tenuta estiva del Monte Cervino con buffetteria di canapa bianca con quattro giberne, pantaloni lunghi da sciatore e scarponi con la suola in vibram.

LA RICOSTITUZIONE DEL BATTAGLIONE *MONTE CERVINO* E L'INVIO IN RUSSIA

Il battaglione *Monte Cervino* fu ufficialmente sciolto al termine della campagna contro la Grecia, ma nel novembre 1941 arrivò l'ordine di ricostituirlo in vista dell'impiego sul Fronte russo.

Tra i primi a presentarsi vi fu il tenente medico Lincio appena guarito, un altro medico suo amico, il tenente Enrico Reginato volle seguirlo ma aveva un piede malato.

Per non andare all'ospedale si operò da sé, in treno.

Fu così che il tenente medico Enrico Reginato partì per il fronte orientale con un dito in meno, per restarci dodici anni, prigioniero del regime sovietico, ad onta delle leggi internazionali ed in condizioni spaventose[3], per il suo irriducibile anticomunismo.

Reginato ebbe la Medaglia d'oro al Valor Militare:

> Ufficiale medico di battaglione alpino già distintosi per attaccamento al dovere e noncuranza del pericolo sul campo di battaglia, per oltre undici anni di prigionia fu, quale medico, apostolo della sua umanitaria missione e, quale ufficiale, fulgido esempio di fiero carattere, dirittura morale, dedizione alla Patria lontana ed al dovere di soldato. Indifferente al sacrificio della propria vita, si prodigò instancabilmente nella cura dei colpiti da pericolose forme epidemiche fino a rimanere egli stesso gravemente contagiato. Con mezzi di fortuna che non gli offrivano le più elementari misure precauzionali, non esitò ad affrontare il pericolo delle più gravi infezioni, pur di operare ed alleviare le sofferenze dei malati e dei feriti affidati alle sue cure. Sottoposto, per la sua fede patriottica e per l'attaccamento al dovere, prima alle più allettanti lusinghe e, subito dopo, a sevizie, minacce e dure punizioni, non venne mai meno alla dignità ed alla nobiltà dei suoi sentimenti di sconfinato altruismo, altissimo amor di Patria, incorruttibile rettitudine, senso del dovere.
>
> *Russia, 1942-1954.*

Per la ricostituzione del battaglione *Monte Cervino* vennero richiesti 30 sciatori volontari da ogni Reggimento alpino, da equipaggiare ed armare con criteri nuovi.

L'organico previsto era strutturato su Comando e due Compagnie a struttura regionale, la 1a con liguri e piemontesi e la 2a con lombardi e veneti, formate da una squadra comando e 3 plotoni, ognuno con 2 squadre fucili mitragliatori ed una di fucilieri.

In totale, l'organico era di 14 ufficiali, 25 sottufficiali e 281 Alpini, con 12 fucili mitragliatori, 20 mitra Beretta (6 per compagnia ed 8 al comando, per ufficiali e capisquadra) ma senza le mitragliatrici Breda 37 previste.

---

[3] Sulla prigionia di Reginato, si legga F. Bigazzi, E. Žirnov, *Gli ultimi 28. La storia incredibile dei prigionieri italiani dimenticati in Russia*, Milano 2002.

Comandante di Battaglione era il tenente colonnello lombardo Mario D'Adda, un veterano della Grande Guerra che da sottotenente s'era ritrovato a comandare i resti di un battaglione che scendevano dall'Ortigara , ricevendo un rimprovero perché le uniformi erano in disordine: tra migliaia di volontari che fecero richiesta di entrare nel Cervino, D'Adda li scelse uno per uno, secondo la vecchia regola: tutti maestri di sci o guide alpine, tutti celibi.

D'Adda chiese ed ottenne un equipaggiamento speciale, pensato appositamente per i combattimenti in alta montagna, tanto che gli Alpini sciatori furono forse le truppe dell'Asse meglio equipaggiate per le rigide temperature sul fronte russo nel 1942.

Sopra l'uniforme ordinaria grigioverde, indossata con il maglione a collo alto al posto della camicia, gli sciatori portavano una giacca a vento e sovrapantaloni impermeabili bianchi di taglio ampio.

A differenza degli altri reparti Alpini, con la divisa grigioverde nel *Cervino* non erano indossati i pantaloni corti grigioverdi con le fasce mollettiere, ma quelli lunghi da sciatore. Furono distribuiti anche giacconi di montone senza maniche da portare sopra la giacca a vento come ulteriore protezione dal freddo.

Gli Alpini del *Monte Cervino* avevano in dotazione passamontagna e guanti di lana bianca o grigioverde, berretti bianchi di lana da portare eventualmente sotto l'elmetto che è il consueto M33, dipinto in grigioverde e con penna e nappina, ricoperto in inverno da un telino mimetico bianco; le penne erano nere per i militari di truppa, marroni per sottufficiali ed ufficiali inferiori e bianche per gli ufficiali superiori; le nappine erano rosse per i militari di truppa e sottufficiali, di bronzo dorato per gli ufficiali.

Ai piedi i *Cervinotti* portavano calzettoni di lana e stivaletti da sci con suola speciale *Vibram*[4] in gomma, perfettamente isolanti.

Al posto delle normali giberne in cuoio grigioverde il *Cervino* aveva in dotazione giberne speciali a quattro tasche in tela bianca; oltre a queste in dotazione c'erano il tascapane e sacche per maschera antigas di tela mod.35 e la borraccia da due litri per truppe alpine ricoperta di panno grigioverde.

Gli sci erano costruiti in frassino laminato in acciaio, in tre diverse misure; quella media era lunga 210 cm, larga 72-75 mm con spessore abbastanza rilevante e coda rinforzata; nello spessore erano ricavati la scanalatura di guida e la laminatura.

Dalla metà degli sci in avanti, da 2 cm avanti alla staffa, era fissata una striscia di linoleum od alluminio di 30 cm di lunghezza che impediva alla neve di frapporsi tra sci e piede.

Gli attacchi con leva a snodo erano larghi 68-75 mm con staffa in ferro dolce munita di finestra longitudinale a I e faccia interna rivestita in cuoio, che si adattava in uno spacco nella parte mediana dello sci.

Le armi in dotazione erano il moschetto 91/38 per armi speciali con baionetta ripiegabile o

---

4 Dal nome dell'inventore, Vittorio Bramani (Vi- Bram).

inastabile, moschetto automatico Beretta M38 (MAB 38), pistole Beretta M34 e M35 da 8mm, il pugnale da ardito, bombe a mano OTO e Breda e, come arma di supporto di squadra, la mitragliatrice leggera Breda M30 da 6,5mm. Oltre a queste armi di fabbricazione italiana, sul fronte russo, venivano inoltre usate quando possibile armi degli altri eserciti in campo, in particolare il mitragliatore MP40, la pistola Luger da 9mm, le *stielhandgrenade* di fabbricazione tedesca, ben più efficaci della OTO, ed il fucile mitragliatore sovietico PPSh-40 di preda bellica.

Il *Cervino* ebbe due compagnie di sciatori, cui si aggiunse l'80a compagnia A.A. (armi di accompagnamento); la sua forza raggiunse i seicento uomini. Invece della Finlandia la destinazione fu la pianura del Don. A tal proposito va detto che ciò fu dovuto alle necessità contingenti dovute all'intensificarsi delle attività offensive sovietiche.

Nel frattempo, data la deteriorata situazione in U.R.S.S. (i tedeschi erano stati respinti da Mosca e da Leningrado, e Timoshenko aveva creato ad Isjum una vasta testa di ponte) Hitler chiese a Mussolini l'invio di altre truppe, soprattutto quelle alpine da impiegare sul Caucaso, a ciò spinto anche dai brillanti risultati dello C.S.I.R..

La prima richiesta risaliva al 1 gennaio 1942, quando Hitler inviò al Duce un messaggio in cui elogiava la combattività degli italiani agiungendo che era auspicabile un nuovo invio di truppe, se pssibile già nel corso dell'inverno[5], ciò che però non venne reputato possibile dallo Stato Maggiore italiano, che inviò, in attesa del resto, che sarebbe giunto in Russia in primavera-estate, solo un reparto: il battaglione Alpini sciatori *Monte Cervino*, destinato ad operare sul Don. L'impiego in pianura degli Alpini ha suscitato polemiche, non sempre fondate.

Ricordiamo che —prescindendo dal fatto che tedeschi, rumeni ed ungheresi impiegavano normalmente truppe da montagna in pianura— il Corpo d'Armata Alpino era stato destinato ad essere impiegato sul Caucaso, e venne dirottato sul Don d'urgenza a causa dell'offensiva sovietica dell'agosto 1942. Testimonia von Rintelen che quando l'OKW chiese a Roma l'autorizzazione ad utilizzare gli Alpini nel Caucaso,

> Mussolini mi espresse la sua grande soddisfazione per una simile sostizione dei suoi Alpini, che come truppe da montagna non erano nè armati nè addestrati per una guerra in pianura.

Il battaglione partì per il fronte dopo esser stato passato in rassegna da Umberto di Savoia, Principe di Piemonte, che in un primo momento era stato ipotizzato come comandante dell'Armata italiana in Russia. Come ricorda l'addetto militare germanico a Roma Enno von Rintelen, Cavallero gli chiese di sondare il parere dell'OKW circa il comando ad Umberto, ma Hitler si oppose recisamente, come scrisse Keitel al gen. Reintelen. La cosa venne quindi lasciata cadere, e, per il comando, venne scelto Gariboldi, che aveva già collaborato con i tedeschi in Libia nel 1941[6].

Il morale era alto, e i rapporti con gli alleati ottimi.

---

5 E. Faldella, *L'Italia nella Seconda guerra mondiale. Revisione di giudizi,* Bologna, p.466.
6 E. von Rintelen, *Mussolini l'alleato*, Roma 1947, p. 141. Hitler affermò che piuttosto di accettare la nomina di Umberto, che detestava, avrebbe rinunciato all'intera armata italiana.

Scrive l'alpino Claudio Isoardi, del battaglione *Cervino*:

> Germania, 21 gennaio 1942 XX° , Vinceremo!
>
> (...) Il cameratismo dei nostri alleati è spontaneo e molto graziosa la loro simparia per noi Alpini, ci chiamano Alpiniegher, italiano nostro fratello (...)

Il viaggio del battaglione verso l'Ucraina durò un mese circa, dal 13 gennaio al 18 febbraio 1942. L'unità venne dislocata nell'area di Dnepropetrovsk, e presto trasferita in prima linea nel settore del XXXV Corpo d'Armata del generale Messe.

L'impiego sul fronte russo del battaglione durò esattamente dodici mesi: il primo combattimento ebbe luogo il 24 marzo 1942 a -32° sotto zero sul fronte di Ploski (Olovatka).

Per un errore la 1a compagnia venne invita in uno spazio aperto tra due forti posizioni sovietiche, e per di più a causa della temperatura di -32 le mitragliatrici Breda M30 si bloccarono, facendo mancare il fuoco di appoggio; alla fine la 2a compagnia riuscì a trarre d'impaccio la 1a, con la perdita di sei caduti, circa 20 feriti e 30 congelati. Questo rovescio, sia pure di scarsa importanza, dimostrò la necessità di un maggior potere di fuoco, e venne deciso di dotare il battaglione di una compagnia di Armi di Accompagnamento, l'80a, con due plotoni mortai da 81mm, ciascuno con quattro pezzi, due plotoni mitraglieri, due plotoni anticarro, ciascuno con due pezzi da 47/32 e quattro trattori da traino.

In un anno il *Monte Cervino* fu destinato ad operare dove necessario, quasi sempre trasferendosi per via ordinaria, ovvero spostandosi a piedi. Ricorda l'alpino Osvaldo Bartolomei, dell'80a compagnia AA, ultimo reduce del battaglione ancora in vita:

> In seguito si andò avanti. Campi sterminati di girasoli. L'impressione era che i Russi stessero ritirandosi di proposito, lasciando retroguardie agguerrite per rallentare l'avanzata delle truppe avversarie. Erano le sensazioni di ragazzi di vent'anni, non è che sapessimo molto. Sapevamo che il generale sovietico al comando delle truppe avversarie nel nostro settore era Tymošenko.
>
> Noi si camminava... una volta, durante queste marce, il mio amico Bizzarri mi mostrò un bigliettino trovato in una scatola contenente dei caricatori da moschetto. Era di una ragazza delle nostre parti, probabilmente addetta – presso la S.M.I. – al reparto impacchettamento di cui ho parlato all'inizio: nel biglietto erano scritte parole incoraggianti per noi soldati.
>
> Tornando alle nostre marce... Siccome non c'erano mezzi di trasporto sufficienti, un giorno si spostava la 1ª Compagnia; il giorno successivo la 1ª rimaneva ferma e veniva raggiunta dalla 2ª Compagnia. In ogni caso, nonostante i tratti percorsi a bordo dei camion, i chilometri a piedi furono parecchi.
>
> Penso che la Compagnia Armi Accompagnamento, avendo i cannoni e i mortai al seguito, disponesse di mezzi propri per muoversi[7].

---

7 https://www.unirr.it/testimonianze/289-intervista-a-osvaldo-bartolomei#faqnoanchor

▲ La stazione ferroviaria di Rikowo nel 1942. Il battaglione Monte Cervino vi giunse il 2 marzo 1942 in rinforzo alla divisione Torino.

▲ Autocolonna del Cervino verso il fronte.

▼ Colonna di prigionieri sovietici, estate 1942

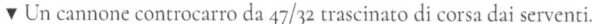

▲ L' 80ª compagnia AA in marcia con pezzi anticarro da 47/32 in azione presso Izjum nell'estate 1942.

▼ Un cannone controcarro da 47/32 trascinato di corsa dai serventi.

▲ I pezzi trainati a mano stanno per arrivare in prima linea.

▼ Primo piano di un cannone da 47/32.

▲ Gli artiglieri dell'80ª cp AA trainano i pezzi. Si nota l'equipaggiamento leggero.

▼ Gli artiglieri dell'80ª AA raggiungono il bordo della "balka".

▲ I cannoni da 47/32 vengono posizionati in prima linea.

▼ Cannone controcarro da 47/32 pronto al fuoco...

▲ Il cannone apre il fuoco sui sovietici.

▼ I pezzi da 47/32 colpiscono le posizioni sovietiche.

▲ Gli Alpini osservano il fuoco sulle linee sovietiche prima dell'attacco (per gentile concessione del Museo Nazionale Storico degli Alpini).

▼ Due apparecchi radio della compagnia Comando.

L'IMPIEGO OPERATIVO SUL FRONTE ORIENTALE: DALLA PRIMA BATTAGLIA DIFENSIVA DEL DON ALLA RITIRATA

Il *Monte Cervino* venne impiegato a seconda delle circostanze autonomamente, con la *Julia*, con divisioni tedesche, col raggruppamento a cavallo *Barbò*; in alcuni casi operò al completo, come battaglione, oppure suddiviso in decine di pattuglie.

Diversi sciatori vennero decorati con croci di ferro di II classe (EK 2. kl.) ed il bollettino germanico citò il battaglione nell'ordine del giorno.

Il 18 maggio 1942 durante la battaglia di Izjum arrivò al battaglione l'ordine di occupare il villaggio di Klinowy. Il villaggio venne occupato, quando due reggimenti di fucilieri sovietici attaccarono nel paese il *Monte Cervino* col proposito di rioccupare Klinowy e di travolgere poi la linea di partenza del battaglione.

D'Adda fece ripiegare il battaglione fino a un punto stabilito da lui, fermò i sovietici prima della linea italiana e due giorni dopo tornò all'attacco e riprese il villaggio.

La reazione sovietica provocata dall'attacco degli Alpini fu a sua volta contrastata dal fuoco dell'artiglieria della divisione *Torino*.

L'attacco del *Monte Cervino* travolse le linee avanzate sovietiche e provocò l'afflusso di rinforzi alleggerendo la pressione sovietica su Izjum, dove combattevano i bersaglieri del XVIII battaglione della 3a divisione *Celere*.

Gli Alpini ebbero 15 morti e 40 feriti.

Non un alpino cadde vivo in mano al nemico.

Il tenente Frascoli non vi rimase nemmeno da morto: mentre il battaglione si ritirava combattendo, il suo attendente Domenico Caspani, un alpino di Sondrio, vide l'ufficiale cadere morto e tornò indietro, verso i sovietici che avanzavano, per portarlo via. Si prese il corpo inanimato sulla spalla e corse per riunirsi ai compagni; ma i sovietici stavano per raggiungerlo, ed allora l'alpino Caspani posò a terra la salma dell'ufficiale, si voltò verso i fucilieri e cominciò a sparare, fermandoli per un momento; poi si caricò un'altra volta il tenente e ripartì di corsa. Ancora i sovietici addosso, altra sosta, altro caricatore sparato, e via di nuovo; e un'altra volta ancora e due e tre volte, finché Caspani poté deporre il suo tenente morto fra le nostre linee e ripulirgli la faccia insanguinata e ricomporlo per l'ultima volta.

Nell'estate del 1942 i sovietici attaccarono le linee italiane sul Don in quella che venne dagli italiani denominata Prima battaglia difensiva del Don, mettendo in rotta la divisione *Sforzesca* (ribattezzata dai sovietici *Tchikay divizijon, divisione Scappa*). Malgrado la reazione della 3ª *Celere* e delle Camicie Nere del Gruppo *Tagliamento* l'Armata Rossa era riuscita a far passare il Don a ventisette battaglioni della 197a e 203a divisione fucilieri e della 14a divisione *Guardie*, il che portò ad un arretramento della linea italiana sulle posizioni di Jagodny e Tchebotarewskij malgrado la strenua resistenza delle CC.NN. del Gruppo *Tagliamento* attestate sulla quota 232,2 di Tchebotarewskij.

Il 25 settembre la 14a *Guardie* conquistò il caposaldo di Tchebotarewskij tenuto dal Gruppo *Tagliamento* e dai resti del I°/54° (in tutto meno di un migliaio di uomini) e la linea italiana parve sul punto di collassare anche a Jagodny il 28, ma quando la collina 187,9, presidiata dai bersaglieri del XXV°, stava per cadere nelle mani di tre reggimenti sovietici (610°/203a div., 619°/203a, 889°/197a); un violento contrattacco degli Alpini sciatori del *Monte Cervino* ristabilì la situazione, e i sovietici ripiegarono senza fare altri tentativi contro Jagodny. Il giorno successivo l'intervento dell'11. *Panzer-Division* pose fine all'offensiva sovietica.

A Jagodny gli Alpini ebbero per la prima volta a che fare con i lanciarazzi multipli RS-132 *Katjusha*, che, a parte il primo impatto psicologico, non impressionarono particolarmente i Cervinotti: ricorda in proposito il tenente Vicentini che

> Una volta ci hanno mandato di corsa a sostituire un battaglione di bersaglieri a Jagodnyj, nella zona in cui avvenne la carica di Izbušenskij. Arrivati, ci mettemmo in posizione e lì vidi per la prima volta le katiusce. Sembrava la fine del mondo.
>
> Che potere hanno le *katiusce*? Dai racconti sembrerebbe trattarsi di un'arma psicologica, che tende cioè a disorientare con il suo frastuono piuttosto che avere un potere devastante in termini di impatto con il suolo. Intanto è un'arma contro la fanteria che non ha potere demolitore. I missili sono cilindri di circa un metro, metà è propellente e il resto è esplosivo. Quando impatta a terra esplode e fa molto rumore, viene fuori una grandissima fiammata, un solo razzo contiene una quantità di esplosivo venti volte quella di una granata da 75. È impressionante quando arriva: le scie luminose navigano sopra le teste con un rumore assordante, fenomenale. Poi con il tempo si impara a conoscere e ci si abitua anche a quelle... Sono molto imprecise, coprono lo spazio di un centinaio di metri di territorio. Di solito sono una dozzina di colpi anche se qualcuno parla di ventiquattro colpi, ma sono tutte balle. Stabilirne il numero però non deve essere difficile, basterebbe contare le sedi, i binari montati sui camion dai quali vengono lanciati.
>
> Come noi avevamo le batterie, quelle che ho visto io (sotto forma di rottami durante l'avanzata e in funzione, quando fui catturato) avevano un numero preciso di armamento, loro prendevano sei camion e con quelli lanciavano le katiusce. Queste avevano il grandissimo vantaggio che, essendo piazzate su un camion, dopo avere sparato i colpi si spostavano velocemente di cento metri e non subivano la controbatteria .(...) Però erano più pericolose le bombe di mortaio [i sovietici usavano mortai pesanti da 120mm ndA]... erano più precise. Le schegge erano più grosse. Mentre il proiettile d'artiglieria si infila nel terreno, per cui il cono di esplosione è meno aperto, è più verticale, la granata di mortaio si squarcia appena tocca il suolo e quando ci si butta bisogna stare incollati pancia a terra e sperare di essere il più lontani possibile dall'esplosione per non essere colpiti dalle schegge[8].

---

8 http://www.militarystory.org/intervista-a-carlo-vicentini-di-achille-omar-di-leonardo/

A proposito della battaglia vale la pena di riportare anche la testimonianza dell'alpino Bartolomei dell'80ª compagnia AA:

> Noi eravamo di fronte a Bahmutkin.
>
> Ci furono un attacco sovietico e un successivo, furibondo contrattacco del 3° Reggimento Bersaglieri. Riuscivamo a vedere le varie fasi dello scontro.
>
> Poi avanzammo anche noi del Monte Cervino, partecipando al combattimento.
>
> I Russi iniziarono a ritirarsi, grazie al contributo dei nostri mortai, e arretrarono su una nuova linea che distava 250-300 metri dal punto in cui erano partiti per conquistare la quota difesa dal 3° Reggimento Bersaglieri della Divisione Celere.
>
> La battaglia fu molto dura. Riuscimmo a respingere l'avversario che lasciò sul terreno parecchi morti. Uno spettacolo raccapricciante: corpi straziati, piedi recisi ancora nelle calzature. Per la prima volta assistevo allo spettacolo orribile della guerra vera...
>
> Alcuni fra i Sovietici deceduti indossavano – sopra la loro – la divisa estiva della fanteria italiana: mentre avanzavano, i reparti sovietici si erano impadroniti dei magazzini della Divisione *Sforzesca* e si erano travestiti per ingannarci.
>
> Nei giorni seguenti – a causa del caldo – i corpi insepolti iniziarono a puzzare in modo tale che l'odore prevaleva su quello del nostro rancio. Così il capitano Lamberti ordinò di seppellirli.
>
> Successivamente ci dedicammo a fortificare la nuova linea di difesa con trincee, piccoli bunker e posti di vedetta, ottenuti a prezzo di un duro lavoro di piccone e pala. I Sovietici stavano facendo la stessa cosa, rinforzando la loro prima linea[9].

Riassumendo l'andamento della battaglia, nei primissimi giorni le unità sovietiche riuscirono a mettere in seria difficoltà i reparti italiani, e non mancarono gli episodi di cedimenti e i fenomeni di panico tra i reparti, in special modo nelle fila della 2ª Divisione fanteria "Sforzesca". In un secondo momento, con l'afflusso delle riserve, i reparti italiani si batterono bene e riuscirono a contenere l'avanzata nemica, pur senza riuscire a riconquistare tutte le posizioni perdute.

Nel complesso, tuttavia, queste operazioni evidenziarono la precarietà delle posizioni italiane sul fiume e la perdita delle posizione a sud dello stesso, e proprio da una di queste teste di ponte sul fronte tenuto dall'Asse, come vedremo in seguito, partì nel successivo mese di dicembre l'operazione Piccolo Saturno che, avrebbe determinato la disfatta totale delle divisioni rumene e dell' 8ª Armata italiana sul fronte del Don.

La battaglia provocò una seria crisi nei rapporti tra italiani e tedeschi a causa della grave sconfitta iniziale della divisione *Sforzesca* e dei fenomeni di disgregazione di alcuni reparti di questa divisione.

---

[9] https://www.unirr.it/testimonianze/289-intervista-a-osvaldo-bartolomei#faqnoanchor

Ne scaturì una significativa perdita della fiducia reciproca e della "fraternità d'armi" tra le Potenze dell'Asse.

La cosa ancor più grave per le armi italiane, fu la partenza del generale Messe, il miglior ufficiale a disposizione del Comando Supremo. Egli profondamente irritato dal comportamento tedesco ed in forte contrasto con il generale Gariboldi, neo designato comandante dell' 8ª Armata chiese ed ottenne il richiamo in patria e lasciò quindi il comando del XXXV Corpo d'armata.

Mussolini stesso riconobbe nel suo *Storia di un anno. Il tempo del bastone e della carota*, uscito a Milano nel 1944 che *fu un errore* non lasciare il generale Messe al comando anche dell'ARM.I.R. e Ciano insinuò nel suo Diario che lo stesso Capo di Stato Maggiore, il Maresciallo Ugo Cavallero, non gradisse troppo l'eventuale designazione di Messe per la popolarità che questi godeva sia nelle file dell'Esercito che nello stesso Paese.

Il comando tedesco cercò di appianare i contrasti ma, ugualmente preoccupato per la tenuta del settore del Don, inviò come ufficiale di collegamento tedesco presso l'8ª Armata il generale Kurt von Tippelskirch con pieni poteri di supervisione e controllo.

Tippelskirch era stato nominato il 27 agosto, capo stato maggiore di collegamento tedesco, in sostituzione di un maggiore, nella speranza che un ufficiale generale potesse avere più influenza sul comando italiano, cercando al tempo stesso di creare un organo direttivo, capace di agire autonomamente in situazioni critiche.

Di fronte alla precarietà della situazione tattica nella testa di ponte di Serafimovič, il comando dell'*Heeresgruppe B* decise di sferrare il 1º settembre in direzione di Kotovksij, un contrattacco combinato di formazioni tedesche e dei battaglioni alpini *Vestone* e *Valchiese*, sostenuti da due plotoni di carri L6. L'attacco condotto con scarsa coordinazione, nel complesso fu un fallimento e le quattro divisioni di fucilieri schierate dai sovietici mantennero le loro preziose posizioni nella testa di ponte che era stata notevolmente ampliata tra Jagodnij e Bolšoj.

Concludendo, i sovietici non riuscirono a ottenere vantaggi territoriali, ma la conquista di quota 220 nell'ansa di Verchnij Mamon metteva a loro disposizione una valida base di lancio; così come, sull'estrema destra dello schieramento, avevano costretto le truppe alleate ad abbandonare la riva destra del Don e ad assumere un nuovo allineamento particolarmente vulnerabile.

Nella Prima Battaglia Difensiva del Don l'8ª Armata italiana dovette lamentare pesanti perdite; 2.704 fra morti e dispersi e 4.212 feriti, considerando il periodo tra il 20 agosto e il 1º settembre 1942.

A partire da quella data gli scontri cessarono e sul fronte quasi niente più si mosse fino al 19 novembre 1942, giorno in cui i sovietici lanciarono le operazioni *Uranus* e *Saturno*, le grandi controffensive nel settore di Stalingrado.

Il dodici settembre, a Mosca, Stalin ricevette i marescialli Zukhov e Vassiliewsky, reduci da un'ispezione dal fronte di Stalingrado.

Stalin chiese loro di studiare il modo di evitare la caduta della città, ed i due generali, il giorno successivo, esposero i propri progetti: un'offensiva a tenaglia sui fianchi della 6.*Armee*, nei settori tenuti dalle truppe rumene. Stalin si disse d'accordo.

Zukhov ebbe il compito di preparare la parte settentrionale dell'offensiva, e Vassiliewsky quella meridionale.

Durante il lavoro di pianificazione Zukhov si rese conto di come, grazie alle riserve rese disponibili dalle informazioni circa l'atteggiamento non aggressivo dei giapponesi in Manciuria[10], l'Armata Rossa avrebbe potuto sferrare il colpo decisivo contro i tedeschi ed i loro alleati.

Zukhov era convinto che *l'Heeresgruppe Mitte* sarebbe potuto essere annientato, ed espose le proprie idee a Stalin, che le approvò, incaricandolo di preparare le offensive in collaborazione con Vassiliewsky. Convenzionalmente, a tali offensive vennero assegnati nomi di dei romani.

L'offensiva contro Stalingrado l'offensiva sarebbe stata denominata *Uranus*.

I Fronti di Sud Ovest e del Don[11] avrebbero attaccato a nord, e, il giorno successivo, anche il Fronte di Stalingrado avrebbe attaccato da sud, puntando all'annientamento della 3a Armata rumena (gen. P. Dumitrescu) e della 4a Armata (gen. C. Costantinescu). La tenaglia si sarebbe chiusa presso Kalach, accerchiando Paulus e la sua 6. *Armee*.

Se *Uranus* fosse riuscita come previsto, sarebbe stata scatenata l'operazione *Saturn* contro l'8° Armata italiana, che avrebbe avuto come obbiettivo finale Rostov, la distruzione dell'Heeresgruppe B e l'isolamento del *Heeresgruppe* A nel Caucaso[12].

Al cento, Zukhov pianificò l'operazione *Mars*: i Fronti dell'Ovest e di Kalinin avrebbero annientato il saliente di Rjev, tenuto dalla 9. *Armee*.

Se l'offensiva fosse riuscita il Fronte dell'Ovest avrebbe iniziato l'operazione *Iupiter* contro *l'Heeresgruppe Mitte* nella regione di Vjazma.

Mars doveva iniziare prima di *Uranus*, ma ciò venne impedito dalle condizioni meteorologiche, cosicché, quando i sovietici attaccarono, si accorsero che le riserve tedesche erano state spostate verso Stalingrado, e Zukhov decise di estendere l'offensiva anche nel settore di Velikie Luki con un corpo motorizzato, e, in caso di sviluppi favorevoli, di puntare su Smolensk, distruggendo l'intero *Heeresgruppe Mitte*. Zukhov riuscì poi a convincere Stalin a lasciare a sua disposizione la 2° Armata della Guardia, a nord-ovest di Voronez, in previsione di *Iupiter*, anziché destinarla a *Saturn*[13].

---

10 C. Andrew, O. Gordievskij, *KGB. The Inside History of its Foreign Operations from Lenin to Gorbaciov*, London 1990 (pp.290 segg della trad. It., Milano 1993)
11 Il *Fronte* sovietico corrispondeva all' *Heeresgruppe* tedesco.
12 L'operazione venne ridenominata *Malyï Saturn, Piccolo Saturno*, perchè il piano operativo venne ridimensionato quando Vassiliewsky venne costretto a chiedere l'invio d'urgenza della 2° Armata della Guardia per contrastare von Manstein e la sua offensiva *Wintergewitter* . Il nuovo obbiettivo sarebbe stato l'annientamento dell'ARM.I.R. e *dell'Heeresgruppe Don*, obbiettivo solo parzialmente raggiunto.
13 *Mars* iniziò il 25 novembre, e si concluse il 20 dicembre. Tranne cha a Velikie Luki, i sovietici fallirono tutti gli obbiettivi, perdendo tra il 50 e l'80 % degli effettivi, e 1.847 carri.

Si è spesso sostenuto che *Uranus* concentrava il 60% delle forze sovietiche. Ciò non risponde a verità. I Fronti di Sud Ovest, del Don e di Stalingrado costituivano il 20% delle forze dell'Armata Rossa (1.103.000 uomini, 1.560 carri, 928 aerei e 15.501 cannoni), mentre le forze destinate ad *Uranus* e *Iupiter*, i Fronti di Kalinin e dell'Ovest e la regione difensiva di Mosca, costituivano il 35% (1.890.000 uomini, 3.375 carri, 1.175 aerei e 24.682 cannoni).

Le azioni sovietiche contro gli italiani partivano soprattutto dalle teste di ponte che il nemico aveva creato sulla sponda destra del fiume. L'ARM.I.R. presentava uno schieramento a cordone su una fronte estesa per 270 chilometri, senza profondità e senza un'adeguata densità di truppe, e senza riserve: malgrado Gariboldi avesse fatto più volte presente la situazione all' *Heeresgruppe* B (von Weichs) non gli era stata mai prestata attenzione.

Dopo la Prima battaglia difensiva del Don i sovietici erano rimasti in possesso di due teste di ponte sulla riva occidentale del Don: sul fronte del II Corpo d'Armata l'ansa di Verch Mamon, la più vasta, e di una di minore ampiezza nel settore del XXXV, l'ansa di Ogalew, nota agli italiani come *ansa del Berretto frigio* per la conformazione della riva del fiume.

Intanto, al principio di orttobre il battaglione *Monte Cervino* era stato aggregato al Quartier Generale del Corpo d'Armata Alpino a Rossosch quale riserva.

Quando a dicembre i sovietici scatenarono denominata l'offensiva *Malyï Saturn*, gli sciatori del *Cervino* vennero nuovamente inviati in prima linea per supportare il battaglione *L'Aquila* del 9° Alpini della *Julia* impegnato nella battaglia di Ivanovka, il 22 dicembre, per il possesso dell'importante nodo stradale di Seleni Yar; durante quello scontro gli Alpini sciatori, con assalti individuali, mettono fuori combattimento diversi carri T-34 sovietici con grappoli di bombe a mano, bottiglie incendiarie e mine anticarro.

I sovietici, con fanteria e carri T34, riuscirono ad accerchiare il *Cervino* e *L'Aquila*; per trarre gli italiani d'impaccio intervennero in appoggio alcuni semoventi tedeschi.

Il tenente Sacchi al grido *Cervino! Pista!*, si tolse gli sci e salì su un *Sturmgeschütz III* tedesco, già in mezzo ai sovietici: tutti gli Alpini lo imitarono, e su ogni *Stug.III* Salì un grappolo di sciatori in tuta bianca che sparavano raffiche, lanciavano bombe, disperdendo la fanteria nemica e guadagnandosi l'ammirazione degli artiglieri germanici. I superstiti del Monte Cervino (l'80a compagnia AA si ritirò separatamente, ricongiungendosi con il battaglione il 31 dicembre) raggiunsero Rossosch il 30 dicembre.

A questo punto ci sembra utile qualche riga circa i cattivi rapporti tra Alpini e tedeschi, tanto enfatizzati da autori come Revelli e Rigoni Stern per motivi tutt'altro che onesti, in una sorta di vittimismo antitedesco, quasi a giustificare il voltagabbana del settembre 1943. Sui rapporti sempre più tesi si può citare il sottotenente Vicentini:

> Insieme a noi si era ritirato il 52° tedesco. Il nostro comandante di battaglione [ten. col. D'Adda, ndA] mi disse che avrebbe dovuto avere ordini dal II Corpo d'Armata e, visto che non c'era, si sarebbe messo a disposizione dei Tedeschi. Ma i Tedeschi cominciarono subito a fare le carogne. Ci dissero di occupare una certa posizione davanti a Ivanovka, ma subito dopo ci siamo accorti che ai nostri lati i Tedeschi non c'erano più, se n'erano

andati lasciandoci soli. Avevano ritirato la truppa, la fanteria, mantenendo l'artiglieria in posizione più arretrata. Il mio comandante a quel punto, visto che parlavo tedesco, mi prese come interprete e mi portò con sé. Ci dirigemmo in un'isba dove c'era il consiglio di guerra dei Tedeschi. Entrato nell'isba disse *"Sono il comandante del battaglione italiano, mi avete dato l'ordine di occupare le quote. Perché vi siete ritirati e non mi avete detto niente?"* Loro tergiversavano ma il mio comandante si tolse dal collo la croce di ferro tedesca, quella con gli allori [si tratta prob. della Kriegsverdienstkreuz, non della Ritterkreuz ndA], che vale una nostra medaglia d'argento, e la sbatté sul tavolo dicendo: "Non so che farmene della vostra medaglia se poi mi trattate in questa maniera." Lì c'era il famoso generale Eibl che, in seguito, collaborò molto con noi. Se non facevi la voce grossa con i Tedeschi non venivi rispettato[14].

Tali atti ostili tra i due alleati dell'Asse avvenivano non infrequentemente durante la ritirata. Se la mancanza di cameratismo dei tedeschi è spesso enfatizzata dalla memorialistica italiana, non mancarono casi del tutto analoghi che videro i tedeschi come vittime[15].

Il 31 dicembre 1942, gli Alpini sciatori si gettarono contro i carri armati T34, incendiandoli con bottiglie di benzina, lanciando a grappoli le loro bombe a mano, colpendo i cingoli con tutte le armi.

Il caporalmaggiore Angelo Gabrieli, un agordino di Rocca Pietore, comandava un cannone anticarro: quando i sovietici attaccarono, Gabrieli venne ferito, ma continuò a sparare: un T34 venne colpito ed immobilizzato, mente gli altri carri tornarono indietro. Gabrieli non si mosse in attesa di un prevedibile un nuovo tentativo offensivo sovietico; ordinò ai serventi di allontanarsi e rimase da solo, col pezzo puntato. Quando l'attacco riprese, uno dei T34 puntò verso di lui.

Gabrieli aspettò, per colpirlo ai cingoli, di averlo vicino; lasciò che il T34 avanzasse ancora, sinché fu a pochi metri, poi fece fuoco. Il colpo colpì il T34 ad un cingolo, ma il carro, troppo vicino al tiratore, per forza d'inerzia fece ancora qualche metro girando su sé stesso, ed il caporalmaggiore Gabrieli fu schiacciato col suo pezzo sotto il carro, dal quale uscì a mani alzate l'equipaggio che si arrese.

Il 15 gennaio i sovietici raggiunsero Rossosch, difesa dal *Cervino* e dal XXX Guastatori Alpini; una colonna di quindici carri armati T34 aggirò le linee italiane e riuscì a penetrare in Rossosch, sede del Corpo d'Armata Alpino; il battaglione *Monte Cervino* insieme ai guastatori, combattendo tra le case riuscì a contenere l'assalto con mine anticarro, bottiglie incendiarie, distruggendo quasi tutti i carri armati; nei giorni seguenti gli attacchi delle truppe corazzate sovietiche inflissero forti perdite al *Cervino*.

Le unità iniziarono a ritirarsi dopo i rinnovati attacchi dei carri armati sovietici, con il *Monte Cervino* che fungeva da retroguardia.

Il battaglione fu 'ultimo reparto a ritirarsi verso ovest; poi il *Cervino* si divise; alcuni Alpini

---
14 http://www.militarystory.org/intervista-a-carlo-vicentini-di-achille-omar-di-leonardo/
15 Schlemmer *Die Italiener an der Ostfront 1942/1943. Dokumente zu Mussolinis krieg gegen die Sowjetunion*, München-Berlin 2005, p.149 della trad. it.

vennero trasportati su camion, altri su slitte, ma la maggioranza – circa 120 uomini – dovette ritirarsi a piedi dopo aver abbandonato gli sci.

I primi due gruppi, principalmente i feriti e l'80° Compagnia AA, riuscirono a sfuggire all'accerchiamento, ma il resto del battaglione dovette lottare contro gli attacchi sia dei corazzati sovietici che dei partigiani, e alla fine furono gli uomini furono tutti uccisi o catturati.

Dei 226 Alpini considerati dispersi; solo 15 uomini sarebbero tornati dai campi di prigionia sovietici.

Ricorda ancora l'alpino Bartolomei:

> Si mormorava che il Battaglione *Monte Cervino* sarebbe presto tornato in linea, ma non fu necessario partire, perché all'alba del 15 gennaio 1943 i carri sovietici raggiunsero Rossos'. Scattò l'allarme generale per tutte le truppe che si trovavano in città.
>
> Noi ci sistemammo nei punti in cui si prevedeva il passaggio dei mezzi corazzati. Per fronteggiarli avevamo a disposizione bombe a mano, moschetti e un solo cannoncino anticarro da 47/32, il cui calibro era purtroppo inefficace sulle corazzature più spesse.
>
> Si percepiva un rumore di mitragliamento provenire dalla zona della stazione ferroviaria. La nostra pattuglia, spostatasi in un sentiero sul retro di alcune isbe, sentì lo sferragliare dei carri russi diretti al fiume Kalitva: di certo erano intenzionati a passare il corso d'acqua ghiacciato per poi dirigersi alla stazione.
>
> Così anche noi, con cautela, ci dirigemmo al Kalitva.
>
> Raggiuntolo, vedemmo un carro sovietico sprofondato per metà, il portellone della torretta era aperto.
>
> Noi della 1ª Compagnia decidemmo di scovare gli avversari che, di sicuro, si erano nascosti nelle isbe circostanti. Suddivisi in pattuglie, perlustrammo la zona. Una pattuglia entrò in un'isba: le donne, all'interno, assicurarono di essere sole. Nessuno prestò fede alle loro parole, e a ragione. Furono scoperti due soldati avversari, che aprirono il fuoco. Due Alpini del Monte Cervino rimasero feriti, ma i Sovietici ebbero la peggio[16].

Durante la ritirata da Rossosch il *Cervino* si battè come retroguardia, contro i regolari sovietici e i partigiani che infestavano le retrovie del fronte.

Il 22 gennaio 1943 i settantacinque Alpini superstiti del battaglione *Monte Cervino* ingaggiarono l'ultimo combattimento, tentando di aprirsi la via verso le linee dell'Asse.

Gli Alpini attaccarono al grido di *Pista!* Riuscendo a sfondare l'accerchiamento sovietico ed a uscire dalla sacca; i resti del *Cervino*, col gagliardetto verde, insegna del battaglione, riuscirono a mettersi in salvo raggiungendo Karkhov.

Il battaglione *Monte Cervino*, ricevette, unico fra i battaglioni del Regio Esercito, la Medaglia

---

[16] https://www.unirr.it/testimonianze/289-intervista-a-osvaldo-bartolomei#faqnoanchor

d'Oro, solitamente concessa ai Reggimenti: ufficiali e soldati vennero decorati con due medaglie d'Oro, 35 d'Argento e 54 di Bronzo, in gran parte alla memoria, oltre a 65 Croci al Merito di Guerra ed ad un numero imprecisato di *Eisenkreuz* tedesche.

Su 564 uomini 114 caddero in combattimento, 226 furono i dispersi. solo 15 rientrarono dalla prigionia sovietica. Il novanta per cento degli ufficiali cadde sul campo.

Il valore dei *Cervinotti* è riassunto nella motivazione della medaglia d'oro al Valor Militare concessa al battaglione:

> Battaglione di sciatori Alpini, fuso in granitico blocco di energie e di arditismo alpino, in dodici mesi di campagna russa ha dato ininterrotte prove di eccezionale valore e di impareggiabile spirito di sacrificio. Incrollabile nella difesa, impetuoso e travolgente nell'offesa, ha sempre raggiunto le mete indicategli.
>
> Nella grande offensiva invernale russa scrisse fulgide pagine di gloria. Sostiene per primo l'impeto di imponenti masse di fanteria sostenute da unità corazzate che hanno travolto la resistenza del Fronte, le contiene con una difesa attiva ed ardita, le inchioda al terreno fino a quando arrivano rinforzi che gli consentono una tregua dopo un combattimento di due settimane compiuto senza soste, senza riparo, in condizioni di clima eccezionalmente avverso. Accerchiato da forze agguerrite di fanteria e blindate, benché ridotto a pochi superstiti in buona parte feriti, congelati ed esausti, sostiene una lotta disperata e con il valore di tutti ed il sacrificio di molti, riesce a rompere il cerchio di ferro e fuoco. In seguito continua a marciare nella sterminata pianura nevosa, supera tutti gli ostacoli che si frappongono al suo andare, tiene in rispetto il nemico che lo incalza, e, sparuta scolta, raggiunge le linee alleate in un'aurea di vittoria uguale a quella delle più alte tradizioni alpine della storia.
>
> (Olkawactka – quota 176 – Klinowiy – Jahodnj – Iwanowka – quota 204 – Kolkos Selenj Iar – Rossosch – Olkawactka, Russia, febbraio 1942 – febbraio 1943).

Le fonti sovietiche devono registrare che

> Tra i fucilieri vi furono pesanti perdite. Si contarono 236 caduti tra soldati e ufficiali, mentre i feriti furono molti di più, ma di essi non si tenne un ordine preciso. Nel corso dei combattimenti lo stesso comandante dell'86° reggimento, Aleksej Andrianovich Zaiìjkin, cadde mortalmente ferito,[e] venne insignito dell'Ordine di Lenin[17].

Si ricordi come i reparti sovietici fossero a pieno organico, dotati di armamento automatico e perfettamente equipaggiati per l'inverno, oltre ad essere motorizzati ed appoggiati dai corazzati e dall'aviazione, a differenza degli Alpini, appiedati, assolutamente sotto organico per le perdite, senza adeguato armamento anticarro ed antiaereo, ma ancora combattivi ed in grado di infliggere pesanti perdite all'avversario.

Qui va fatta una considerazione: malgrado le forti perdite, il risultato positivo del battaglione *Monte Cervino*, e in generale del Corpo d'Armata Alpino è dovuto al fatto che, sebbene

---

17 G. Scotoni, *L'Armata Rossa e la disfatta italiana*, Trento 2007, p.532.

addestrati per il combattimento in montagna, gli Alpini erano i soldati italiani più adatti ai combattimenti a quelle temperature e agli spostamenti nella neve in condizioni atmosferiche tanto avverse, soprattutto gli uomini del *Cervino*, particolarmente specializzati per agire e combattere in situazioni climatiche estreme; per di più, a differenza di chi era costretto a lunghi spostamenti a piedi nella steppa, gli uomini del Monte Cervino utilizzavano gli sci, velocizzando così il movimento: la tanto criticata a posteriori dislocazione nella pianura del Don delle truppe alpine si rivelò alla fine tutt'altro che improvvida; e del resto anche i *Vanatori de Munte* rumeni e i *Gebirgsjäger* tedeschi vennero impiegati nella steppa esattamente come gli Alpini.

Nel 1943 ciò che rimaneva del *Monte Cervino* rientrò in patria; il battaglione ricostituito venne assegnato al XX Raggruppamento Alpini Sciatori inquadrato nella 4ª Armata con compiti di occupazione in Francia; all'atto dell'armistizio il battaglione venne catturato dai tedeschi, ad eccezione dell'80ª compagnia AA; parte degli uomini del battaglione aderì alla Repubblica Sociale mentre altri fecero la scelta opposta, unendosi alla Resistenza.

▲ I "cervinotti" all'assalto dei fucilieri sovietici sotto il tiro dell'artiglieria

▲ Pista!

▲ ▼ Gli Alpini all'assalto sotto il fuoco sovietico.

▲ Alpini sotto il fuoco nemico.

▼ Gli Alpini all'attacco si gettano in una "balka". Si notino la mitragliatrice Breda 30 e il servente con la cassetta portamunizioni

▲ Gli Alpini raggiungono le posizioni nemiche abbandonate.

▼ Le posizioni sovietiche vengono rastrellate.

▲ ▼ Una mitragliatrice Breda mod.37 in azione.

▲ Le linee sovietiche viste dalla posizione del "Cervino".

▼ Artiglieri alpini nella steppa, estate 1942. La differenza anche nell'abbigliamento con il Cervino è evidentissima. (per gentile concessione del Museo Nazionale Storico degli Alpini).

▲ ▼ Alpini mortaisti dell'80ª compagnia AA

▲ Particolare della foto precedente. Si noti il pugnale da Ardito in dotazione al battaglione per i combattimenti ravvicinati.

▲ Alpini con il mortaio da 81 mm. Si noti il fregio con l'aquila alpina e il numero reggimentale.

▼ I serventi al mortaio da 81mm.

▲ Un Alpino mortaista regola l'alzo della canna.

▼ Regolazione del mortaio per il puntamento.

▲ Il mortaio da 81 mm pronto al fuoco...

▼ I mortai aprono il fuoco sulle posizioni sovietiche.

▲ ▼ Mortaisti del battaglione Cervino smontano i mortai dopo l'azione.

▲ ▼ Alpini del Cervino appostati ai bordi di una Balka

▲ Cecchini mimetizzati in agguato Gli Alpini erano eccellenti tiratori, spesso bracconieri abituati alla caccia in alta montagna e agli appostamenti di lunga durata.

▼ Pattuglia del Cervino con mitragliatrice Breda 30.

IL *MONTE CERVINO* OGGI

Nel dopoguerra, il 1º settembre 1952 venne costituito il 1º Plotone Alpini Paracadutisti *Tridentina* per l'esigenza di ricostituire, in ambito Truppe Alpine, un reparto ad elevata connotazione specialistica in grado di muovere in ambiente montano, andando ad aggiungere anche la capacità di operare nella terza dimensione. Per questo il personale venne addestrato presso il Centro di Paracadutismo di Viterbo per ottenere il brevetto di paracadutista.

L'anno successivo vennero costituiti plotoni analoghi alle dipendenze delle brigate *Julia* e *Taurinense*, e, nel 1956, anche in *Orobica* e *Cadore* arrivando così a 5 plotoni per 5 brigate alpine.

Il 1º aprile 1964 si costituì la Compagnia Alpini Paracadutisti posta alle dipendenze del 4º Corpo d'Armata Alpino. All'interno della Compagnia confluì il personale dei disciolti plotoni alpini paracadutisti delle cinque Brigate Alpine. La Compagnia Alpini Paracadutisti del 4º Corpo d'Armata, proseguì in questo modo il proprio percorso specialistico, addestrando e qualificando il personale sia nell'ambiente montano (sci e roccia) che nel paracadutismo.

Il 1º gennaio 1990 la Compagnia Alpini Paracadutisti, venne rinominata "*Monte Cervino*" ereditando così le gloriose tradizioni di ardimento e valore militare del leggendario battaglione sciatori "*Monte Cervino*", costituito nel 1915 e ricostituito come reparto autonomo nel 1940.

Nel 1995 la Compagnia venne trasferita alla caserma "*Vittorio Veneto*" a Bolzano.

Il 14 luglio 1996 lo Stato Maggiore dell'Esercito in un quadro di riorganizzazione della Forza Armata e in virtù dei brillanti risultati ottenuti dagli Alpini Paracadutisti ha elevato la Compagnia al rango di Battaglione.

Nel 2000 il Battaglione "*Monte Cervino*" divenne unità FOS (Forze per Operazioni Speciali), dopo aver ricevuto la qualifica "*Ranger*" ovvero unità di fanteria leggera particolarmente addestrata e specializzata nel fornire supporto a operazioni non convenzionali come azioni dirette, raid, imboscate etc., in ambiente non permissivo.

Il 25 settembre 2004 il Battaglione venne elevato a 4º Reggimento Alpini Paracadutisti con la consegna della Bandiera di Guerra del 4º Reggimento Alpini del quale eredita le tradizioni, e posto alle dirette dipendenze del Comando Truppe Alpine.

Da gennaio 2011 il Reggimento cambiò la propria sede; dalla Caserma "*Vittorio Veneto*" di Bolzano venne trasferito presso la Caserma "*Duca*" di Montorio Veronese.

Nel 2014 il Reggimento lascia il Comando Truppe Alpine e viene inquadrato all'interno del COM.FO.S.E. (Comando delle Forze Speciali dell'Esercito).

Infine, nel 2018 dopo aver dimostrato "sul campo" le proprie capacità, il Reggimento viene elevato al rango di Forza Speciale.

Il 4º reggimento Alpini Paracadutisti "*Ranger*" è un Reparto di Forze Speciali dell'Esercito in grado di pianificare, organizzare e condurre l'intero spettro delle Operazioni Speciali. Quindi azioni dirette, ricognizioni speciali e assistenza militare, con una particolare attitudine alla condotta di azioni dirette garantendo un'elevata specializzazione nel combattimento in ambiente montano e artico.

Nell'ambito di quelle che sono le Forze Speciali dell'Esercito, il 4° Reggimento è quello maggiormente specializzato nell'impiego in ambito montano; tanto è vero che la parte di preparazione e addestramento nello specifico ambiente, ha un'incidenza e rilevanza consistente.

Non viene curato solo l'aspetto della mobilità ma anche la capacità di utilizzare, ad esempio lo sci, come strumento di movimento in ambiente innevato per la condotta di un'azione diretta militare. L'azione diretta è un'azione offensiva che si basa su alcuni principi che possiamo riassumere in: fattore sorpresa, massa e potenza di fuoco.

Questa è una delle differenze che sussistono tra il 4° Reggimento Alpini Paracadutisti *Ranger* e gli altri reggimenti di Forze Speciali. I *Ranger* operano su base minima di plotone (principio della massa); un plotone con consistenza numerica elevata mentre le altre unità di Forze Speciali si basano su distaccamenti (unità numericamente ridotta). Da tutto questo l'attitudine alla condotta di azioni dirette.

Al Reparto di Forze Speciali viene assegnato il raggiungimento di un obiettivo strategico che abbia risvolti diretti in quella che è la campagna militare.

Per fare ciò vengono utilizzati equipaggiamenti, materiali, armamenti e tipologie di inserzione speciali, oltre a personale specificamente equipaggiato, selezionato, addestrato e preparato alla condotta di quella determinata attività.

Il Battaglione Ranger oggi è costituito da tre compagnie:

1ª **Compagnia** *Satanas bjieli* (*Diavoli bianchi*: il soprannome dato ai *Cervinotti* dai Sovietici)

2ª **Compagnia** *Angeli neri*

80ª **Compagnia** *Lupi della Steppa*. La Compagnia riprende il nome e numero dell'80a Compagnia AA impiegata in Russia.

Gli Alpini del 4° Reggimento Alpini Paracadutisti *Ranger* sono presenti nei più importanti teatri operativi con compiti differenti:

In Italia sono impiegati come Joint Rapid Responce Forces (JRRF). Il JRRF in particolare rappresenta un bacino di capacità/assetti capacitivi interforze ad alta e altissima prontezza operativa, già esistenti, da cui attingere per garantire una risposta rapida alle esigenze nazionali e multinazionali.
Libano, Somalia, Libia e Afghanistan: il 4° Reggimento Alpini Paracadutisti sta fornendo il *Close Protection Team* (CPT) ai Comandanti di Missione. In Niger invece gli operatori del reggimento sono stati avvicendati recentemente, dopo aver "*aperto*" il Teatro.
Libano: L'impiego è nell'ambito della formazione e addestramento del personale delle Forze Armate libanesi; gli operatori Ranger hanno sviluppato un Corso di Sniping in area montana a favore di operatori delle Forze Speciali libanesi
Antartide: personale impiegato a supporto della Missione ENEA.
Iraq: Supporto alle Forze di polizia irachene.
Afghanistan: Lo *Special Operations Task Group*, su base 4° Reggimento Alpini Paracadutisti *Ranger*, ha seguito nell'intero percorso formativo, le unità partner delle *Afghan Special Security Forces* nella condotta dell'attività addestrativa.
Serbia: supporto alla missione NATO.

▲ ▼ Gli Alpini osservano le posizioni avversarie sorvolate dalla Luftwaffe

▲ ▼ Dopo il fallimento dell'offensiva sovietica dell'agosto 1942 i flammieri italiani ripuliscono la boscaglia sulle rive del Don dagli ultimi infiltrate sovietici.

▲ Carro T 34/76 sovietico distrutto dai cannoni controcarro italiani.

▼ Un carro armato T34 catturato.

▲ Un soldato italiano osserva un T34 abbandonato. La bandierina rossa segnala la possibile presenza di mine.

▼ Postazione di un cannone da 47/32 dell'80ª compagnia.

▲ Mortaista del Monte Cervino nella steppa del Don.

▼ Alpini nella steppa del Don, autunno 1942.

▲ Gli Alpini avanzano nella rasputiza, il fango che rendeva impraticabili le strade sovietiche.

▼ Mortaisti dell'80a compagnia AA presso un'isba, autunno 1942.

▲ La cattura di alcuni soldati sovietici.

▼ Colonna di camion diretta verso il Don.

▲ Il generale Italo Gariboldi comandante dell' 8ª Armata italiana consegna le ricompense al valore per i combattimenti dell'estate 1942.
Sul palco si intravvede il comandante D'Adda (col berretto alpino).

▲ Estate del 1942. Il generale Gariboldi decora i combattenti del fronte russo. A destra il capitano Giuseppe Lamberti del Cervino decorato con la sua seconda Medaglia d'argento.

▼ Alpini del Cervino durante la stessa cerimonia. Si notino le buffetterie in canapa bianca.

▲ Particolare del capitano Lamberti. Si noti il pugnale da Ardito.
Dopo la Guerra Lamberti venne radiato dall'esercito per aver collaborato con i sovietici dopo esser caduto prigioniero..

▲ Alpini del Cervino in azione con un pezzo anticarro da 47/32 (per gentile concessione del Museo Nazionale Storico degli Alpini)

▼ Alpini del Cervino presso i loro alloggiamenti presso il Don (per gentile concessione del Museo Nazionale Storico degli Alpini)

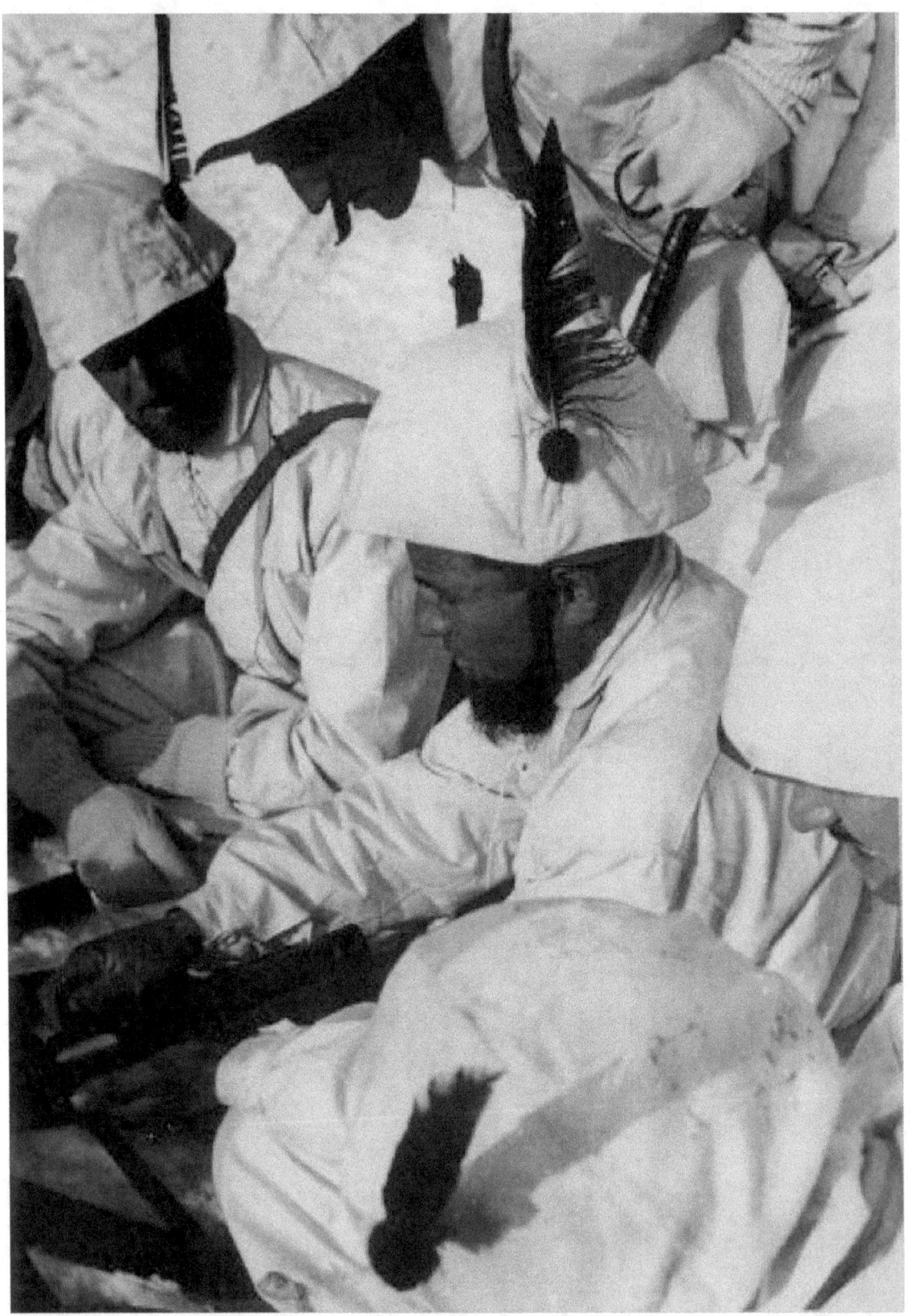

▲ Reparto del Monte Cervino in tuta mimetica nell'inverno 1942 Gli Alpini sono armati di fucile mitragliatore MAB 38.

▲ Alpino sciatore di sentinella, inverno 1942 indossa i guanti di lana imbottita. Ai piedi porta un paio di valenky imbottiti.

▲ Un alpino sciatore indossa degli stivali imbottiti detti 'valenky' dai russi prima di uscire di pattuglia.

▲Una pattuglia del Cervino tiene un briefing con il proprio ufficiale prima dell'azione.

▼ La pattuglia nella steppa innevata.

▲ ▼ Gli Alpini si allacciano gli sci prima di una ricognizione.

▲ Pezzi da 47/32 mm dell'80ª compagnia AA in posizione nella neve.

▼ Pezzo da 47/32 dell'80ª compagnia AA.

▲ ▼ Alpini sciatori.

▲ ▼ Il Capitano Lamberti in Russia, 1942. La foto è solitamente pubblicata invertita, con la nappina e la penna a destra (sotto), probabilmente per il fatto che Lamberti era mancino

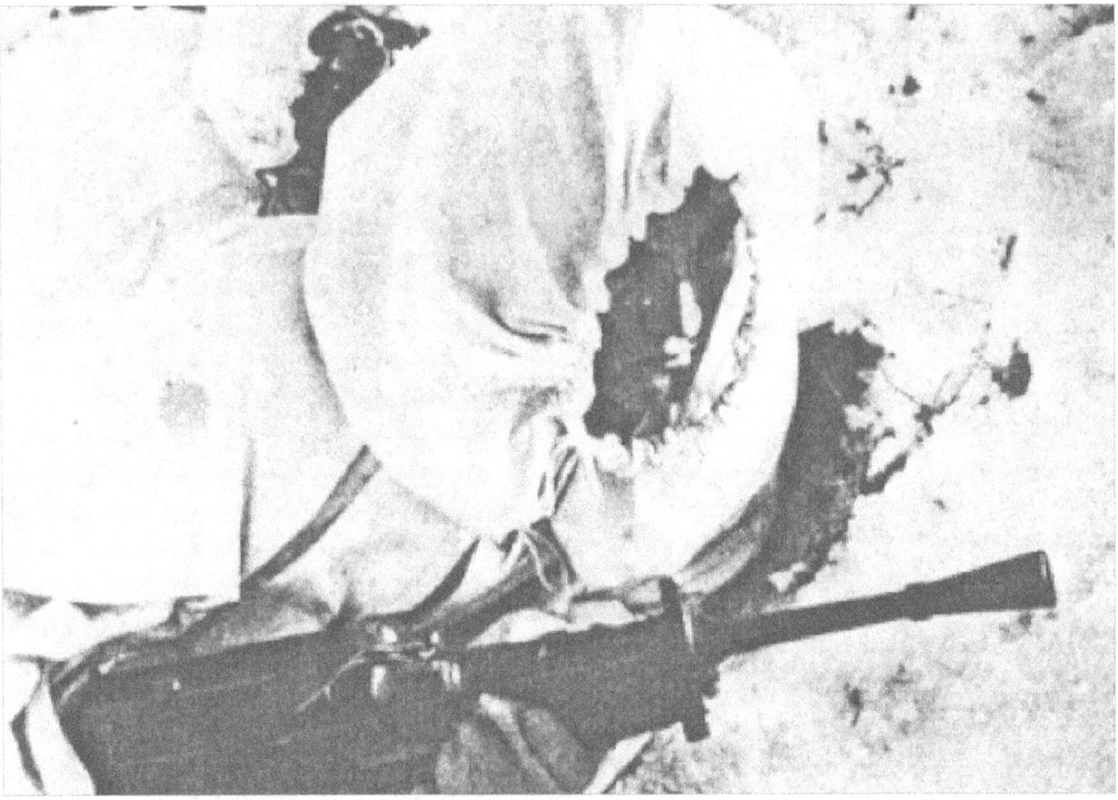

▲ Dicembre 1942 Pattugliatore del Btg. Monte Cervino armato di mitragliatrice Breda 30.

▼ Una pattuglia del 'Monte Cervino' in un bosco di betulle sulle rive del Don.

▲ Il sottotenente Carlo Vicentini vicino ad una mitragliatrice Breda 30, arma che tendeva a bloccarsi alle basse temperature.

▼ Una pattuglia del "Cervino" nel settore del fiume Don nell'inverno 1942. Gli Alpini sono armati di Moschetto 91/38 TS e di fucili mitragliatori MAB 38.

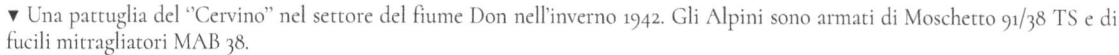

▲ Alpini in prima linea presso le rive del Don.

▼ Alpini del Cervino in ricognizione.

▲ Un sottufficiale del Cervino con l'equipaggiamento mimetico, passamontagna e guanti di lana bianca, giacca a vento, buffetterie e telino bianchi.

▼ Una pattuglia del Cervino con una lettiga montata su sci.

▲ Pattuglia di sciatori armati con MAB 38.

▲ Una pattuglia del "Monte Cervino" con due fanti italiani in cappotto grigioverde, dicembre 1942. È ben evidente la differenza abissale nell'equipaggiamento.

▼ Particolare con i fanti e gli Alpini.

▲ Un attimo di sosta per un rancio nella neve...

▼ Alpini del Cervino in azione, dicembre 1942.

▲ Ufficiale del Monte Cervino osserva la cattedrale ortodossa di Rossosch, sede del QG del Corpo d'Armata Alpino.

▲ Alpini del Cervino in ricognizione.

▼ Alpini del Btg Monte Cervino, riportano nelle nostre linee la Salma del Tenente Carlo Sacchi, Comandante della 1° Compagnia Russia Kolkoz Selenyi Jar, dicembre 1942.

▲ La ritirata del Corpo d'Armata Alpino, gennaio 1943

▼ La lunga colonna di soldati italiani in ritirata presso Arbusowo, gennaio 1943.

▲ Il sottotenente medico Enrico Reginato (Treviso, 5 febbraio 1913 – Padova, 16 aprile 1990), Medaglia d'oro al Valor Militare. Reginato rimase nei campi di concentramento sovietici per ben dodici anni perché rifiutò di aderire all'ideologia comunista, durante i quali mise le sue conoscenze mediche al servizio dei compagni di prigionia di varie nazionalità, specialmente tedeschi e rumeni, venendo successivamente decorato dai governi della Repubblica Federale Tedesca e della Romania libera. Rientrato in Italia continuò a prestare servizio, concludendo la carrier come Maggior Generale.

▲ I combattimenti di Ivanovka rappresentati sulla copertina de 'La Tribuna Illustrata'. Gli Alpini del Cervino salgono sui carri armati tedeschi per attaccare i sovietici a distanza ravvicinata.

▲ Cartolina del battaglione Monte Cervino con il motto Pista!

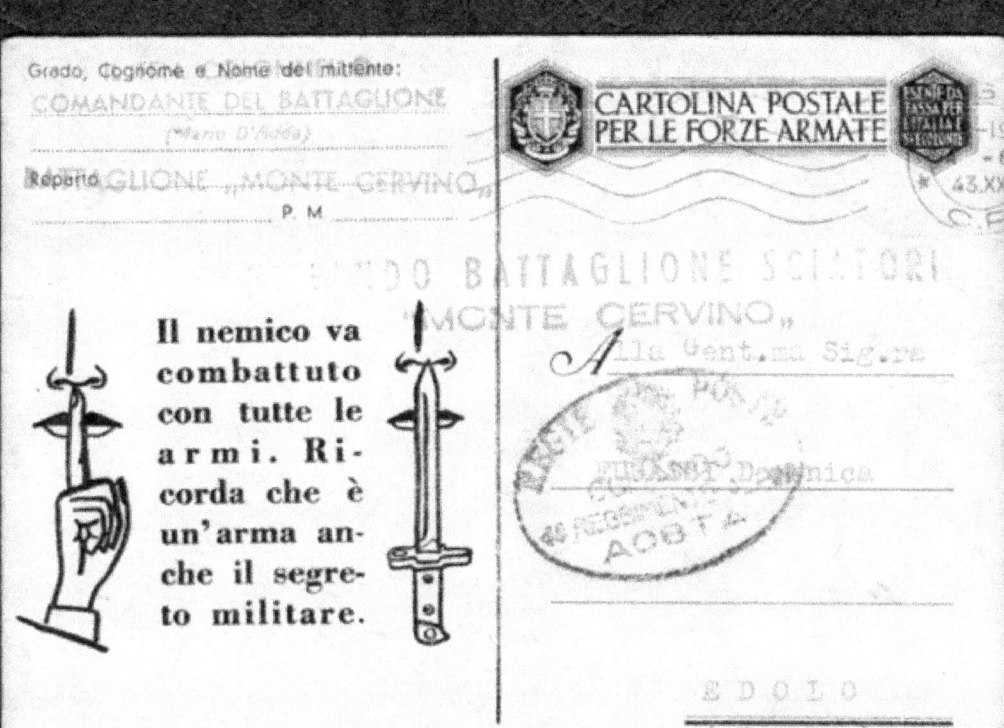

▲ Cartolina in franchigia inviata dal comandante D'Adda alla madre di un alpino disperse in Russia il 2 giugno 1943

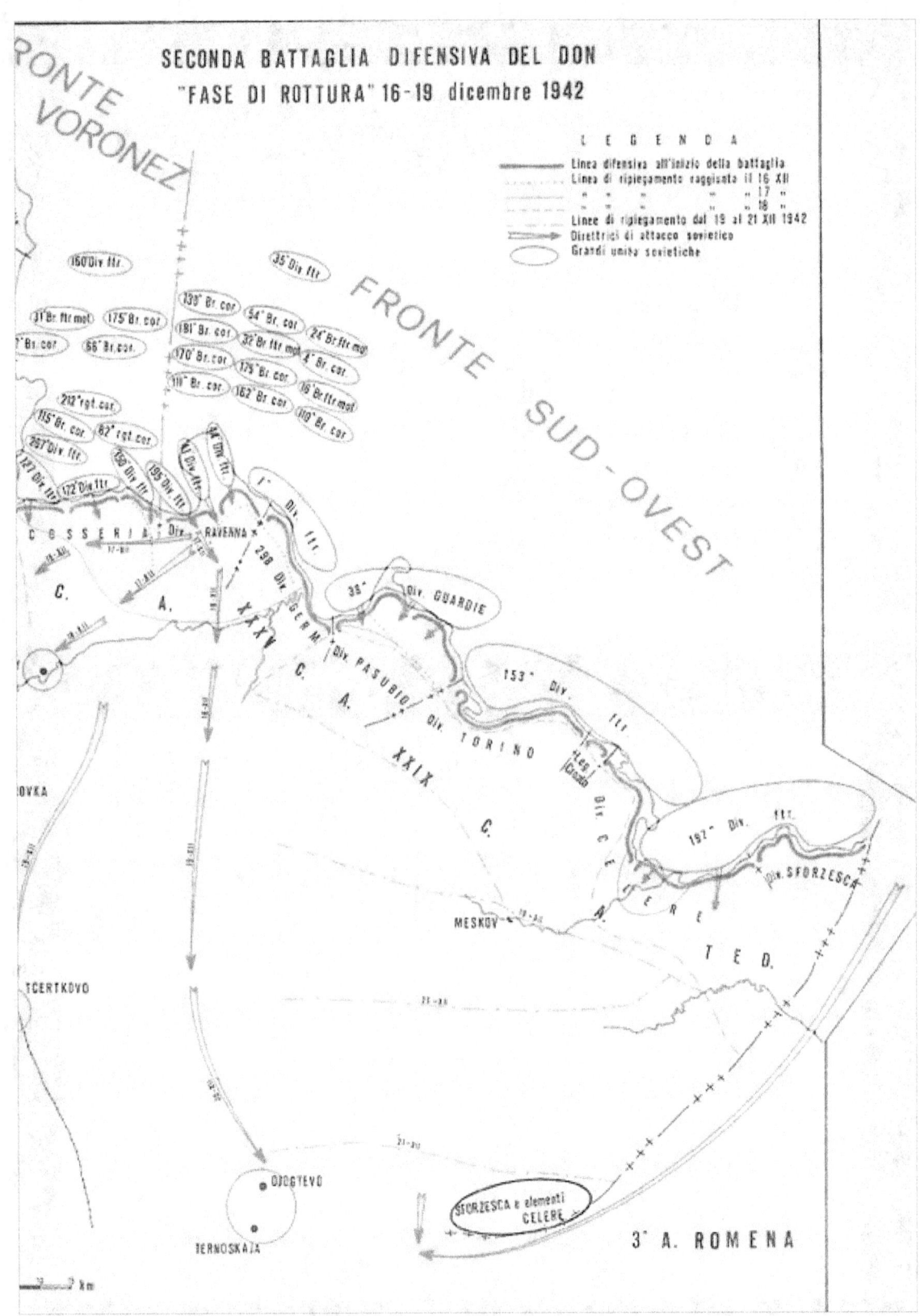

▲ Operazione Malij Saturn, Piccolo Saturno.

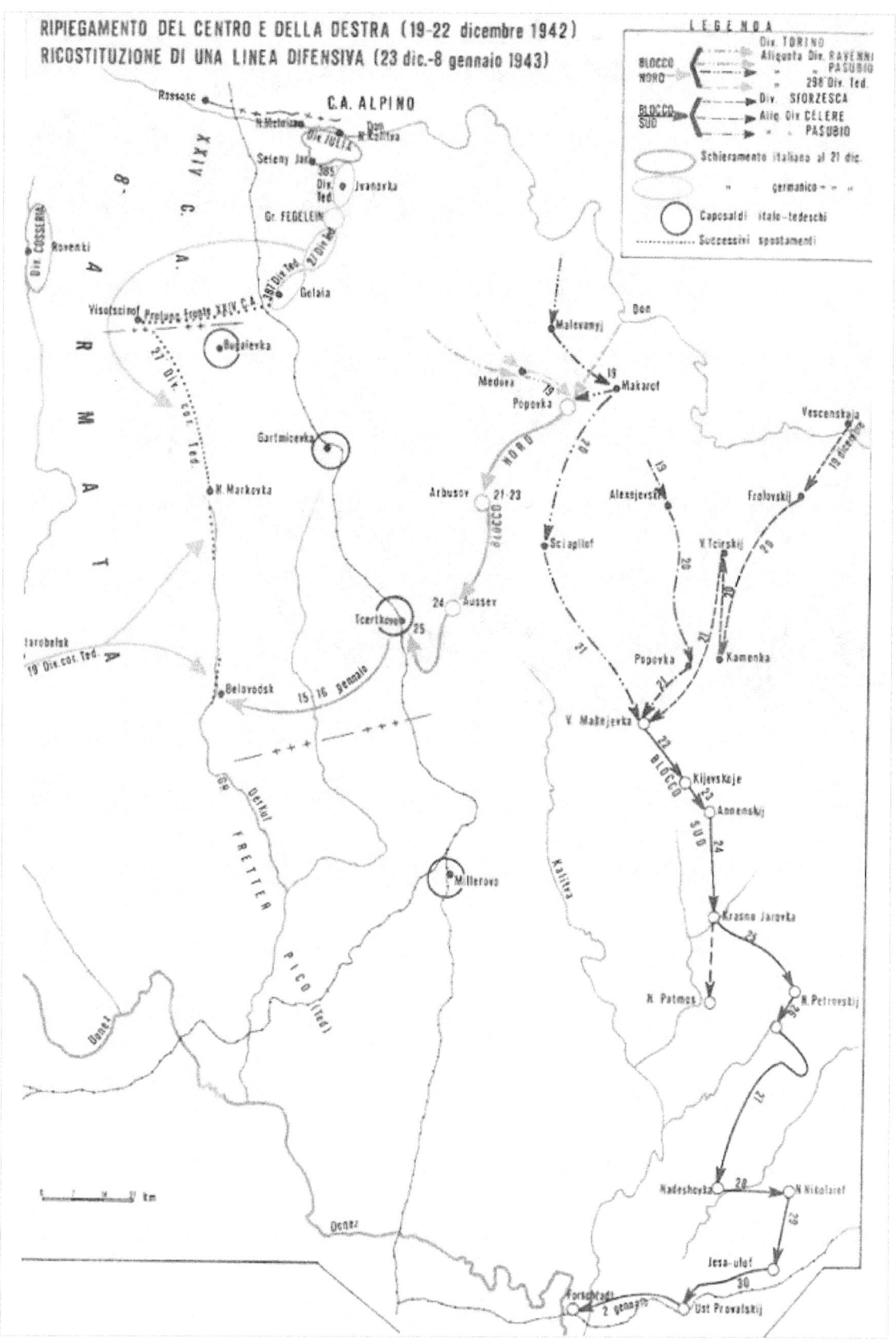

▲ Una colonna di prigionieri dell'Asse, gennaio 1943. Solo il 14% dei prigionieri italiani sopravvisse alla prigionia nei campi sovietici di Stalin.

DECORATI DEL BATTAGLIONE SCIATORI MONTE CERVINO, 1942-1943

MOVM		Tenente medico	REGINATO	Enrico
MOVM	M	caporale	GABRIELI	Angelo
MAVM		Tenente Colonnello	D'ADDA	Mario
MAVM		Tenente Colonnello	D'ADDA	Mario
MAVM		Capitano	LAMBERTI	Giuseppe
MAVM		Capitano	LAMBERTI	Giuseppe
MAVM		Capitano	MERLINI	Enrico
MAVM	M	Tenente	CORTE DI MONTONARO	L.
MAVM		Tenente	SACCHI	Carlo
MAVM	M	Tenente	SACCHI	Carlo
MAVM	M	Sottotenente	FRASCOLI	Vitaliano
MAVM		Sottotenente medico	LINCIO	Domenico
MAVM		Sottotenente	ROMANIN	Gino
MAVM		sergente maggiore	ANDREONI	Aldo
MAVM	M	sergente maggiore	FABBRI	Guido
MAVM	M	sergente	CHIANALE	Renato
MAVM		sergente	DELLA MEA	Adolfo
MAVM		caporal maggiore	BRONDELLO	Antonio
MAVM		caporal maggiore	DE GIORGI	Enrico
MAVM		caporal maggiore	MARTIN	Pietro
MAVM		caporal maggiore	MIUZZI	Antonio
MAVM		caporal maggiore	SOLA	Severino
MAVM		caporale	CASTELLI	Bruno
MAVM		caporale	FUMAGALLI	Primo
MAVM		caporale	IPPOLITI	G.Battista
MAVM		caporale	QUATTRINI	Battista
MAVM		alpino	ARTUS	Giovanni
MAVM		alpino	BERTON	Guido
MAVM		alpino	CASPANI	Domenico
MAVM		alpino	FRIGERIO	Salvatore
MAVM		alpino	LOCATELLI	Attilio
MAVM		alpino	MINO	Raimondo
MAVM		alpino	MONTI	Oberdan
MAVM		alpino	MORA	Angelo
MAVM		alpino	RIBUL	Ugo
MAVM		alpino	ROSA'	Celeste
MAVM		alpino	TAVCAR	Virgilio
MBVM		Capitano medico	BIANCHI	Giovanni
MBVM		Capitano	BORDONE	Mario
MBVM		Tenente	BAISI	Giuseppe
MBVM	M	Tenente	CARBONI	Livio
MBVM		Tenente cappellano	CASAGRANDE	Attilio
MBVM		Tenente cappellano	CASAGRANDE	Attilio
MBVM		Tenente	CASTELLANI	Gastone
MBVM		Tenente	CORTE DI MONTONARO	L
MBVM		Tenente	NOCENTE	Luigi
MBVM		Sottotenente	CARUSO	Francesco
MBVM		Sottotenente	DURIGON	Lido
MBVM		Sottotenente	GRIGATO	Luigi
MBVM		Sottotenente medico	LINCIO	Domenico
MBVM		Sottotenente medico	LINCIO	Domenico
MBVM		Sottotenente	MARINI	Gianpiero
MBVM		Sottotenente	MODIGLIANI	Giuseppe
MBVM		Sottotenente	TOSANA	Emanuele
MBVM		Sottotenente	VICENTINI	Carlo
MBVM		Sottotenente	VICENTINI	Carlo
MBVM		aiutante di battaglia	VIVIANI	Tarcisio
MBVM		sergente maggiore	AONDIO	Pietro
MBVM		sergente maggiore	BERNASCONI	Gian Elia
MBVM		sergente maggiore	JORDANEY	Romano
MBVM		sergente	CAVALLER	Umberto
MBVM		sergente	DELLA BELLA	Luigi
MBVM		sergente	INVERNIZZI	Massimo
MBVM		sergente	INVERNIZZI	Massimo
MBVM	M	caporal maggiore	AROBBIO	Eligio
MBVM		caporale	CASTELLUCCI	Vincenzo
MBVM		caporale	DEMANEGA	Bruno
MBVM		caporale	SCAIOLI	Nicola
MBVM		alpino	AUDIBERT	Giuseppe
MBVM		alpino	BAGNIS	Giuseppe
MBVM		alpino	BASSI	Pierino
MBVM		alpino	BERTOZZO	Ermenegildo
MBVM		alpino	BRUGNETTI	Giuseppe
MBVM		alpino	BRUN	Angelo
MBVM		alpino	CACCIALUPI	Bruno
MBVM		alpino	COLOMBO	Emilio
MBVM		alpino	DAGANI	Pasqualino
MBVM		alpino	DAMOLI	Luigi

MBVM		alpino	DANIELE	Benedetto
MBVM		alpino	DEL GRANDE	Casimiro
MBVM		alpino	FAROVINI	Carlo
MBVM		alpino	FRIGERIO	Salvatore
MBVM		alpino	LANCINI	Amerigo
MBVM		alpino	LAZZARI	Marino
MBVM	M	alpino	MORATTI	Battista
MBVM		alpino	OLIVERO	Matteo
MBVM		alpino	PERONO	Giacomo
MBVM		alpino	SOLA	Severino
MBVM		alpino	TOMERA	Giacomo
MBVM		alpino	USSEGLIO NANOT	Aldo
MBVM		alpino	VIALE	Giovanni
CGVM		Capitano	BIASI	Egidio
CGVM		Tenente medico	BIANCHI	Giovanni
CGVM	M	Sottotenente	AUDINO	Francesco
CGVM		Sottotenente	CARUSO	Francesco
CGVM		Sottotenente	SNICHELOTTO	Francesco
CGVM		aiutante di battaglia	VIVIANI	Tarcisio
CGVM		sergente maggiore	ANTONIETTI	Cesare
CGVM		sergente maggiore	BRUNA	Stefano
CGVM		sergente maggiore	CRESPI	Gianfranco
CGVM		sergente maggiore	FALETIC	Ludovico
CGVM		sergente maggiore	GIORDANETTO	Andrea
CGVM		sergente maggiore	MAINARDIS	Vito
CGVM		sergente maggiore	MARCUCCI	Tullio
CGVM		sergente maggiore	MIUZZI	Antonio
CGVM		sergente maggiore	PAGGI	Guerrino
CGVM		sergente maggiore	PIATTO	Aldo
CGVM		sergente	ABENI	Palmiro
CGVM		sergente	ANTONIETTI	Cesare
CGVM		sergente	CROCI	Mario
CGVM		sergente	GAMBIRASI	Pietro
CGVM		sergente	GOBBO	Antonio
CGVM		caporal maggiore	BAGNIS	Edoardo
CGVM		caporal maggiore	BONETTI	Antonio
CGVM		caporal maggiore	COGLIATI	Raffaele
CGVM		caporal maggiore	LOSS	Gustavo
CGVM		caporal maggiore	MABELLINI	Italo
CGVM		caporal maggiore	MAGGIORI	Cesare
CGVM	M	caporal maggiore	PETENZI	Antonio
CGVM		caporal maggiore	ROSSIO	Francesco
CGVM		caporale	NEMO	Mario
CGVM		caporale	PARNISARI	Giovanni
CGVM		alpino	BACCANELLI	Alfredo
CGVM		alpino	BIANCO	Domenico
CGVM		alpino	BOSETTI	Paolo
CGVM		alpino	CAPPELLETTI	Ercole
CGVM		alpino	CASTAGNA	Lino
CGVM		alpino	CATULLI	Antonio
CGVM		alpino	CAUDA	Venerio
CGVM		alpino	CHARLIN	Alberto
CGVM		alpino	CHATALIN	Stefano
CGVM		alpino	CORDERO	Antonio
CGVM		alpino	CORTICELLI	Leonardo
CGVM		alpino	DALMASSO	Spirito
CGVM		alpino	DANIELE	Benedetto
CGVM	M	alpino	DE MARIA	Giuseppe
CGVM		alpino	GALLI	Pietro
CGVM		alpino	GARREU	Francesco
CGVM		alpino	GROSSI	Piero
CGVM		alpino	JUGLAIR	Tobia
CGVM		alpino	MALPELI	Nello
CGVM		alpino	MIGLIORE	Costanzo
CGVM		alpino	MINO	Raimondo
CGVM		alpino	MONDINELLI	Pietro
CGVM		alpino	PACCHIOTTI	Aldo
CGVM		alpino	RAZA	Antonio
CGVM		alpino	ROSA'	Celeste
CGVM		alpino	SALVADORI	Ferdinando
CGVM		alpino	SARZETTI	Antonio
CGVM		alpino	SPILLER	Renato
CGVM		alpino	STEFANI	Giuseppe
CGVM		alpino	THONELET	Ambrogio
CGVM		alpino	TONOLA	Leopoldo
CGVM		alpino	TRABUCCHI	Patrizio
CGVM		alpino	VALLORSI	Alfredo

BIBLIOGRAFIA

D. Agasso 1958, "Gli sciatori della morte", *Storia illustrata*, Anno II n°2.

P.P. Battistelli, P. Crociani 2011, *Italian Army Elite Units & Special Forces 1940-43*, Oxford.

G. Bedeschi 2005, *Fronte russo c'ero anch'io*, 2 voll., Milano

O. Bovio 1999, *In alto la bandiera. Storia del Regio Esercito*, Foggia

F. Bigazzi, E. Žirnov 2002, *Gli ultimi 28. La storia incredibile dei prigionieri italiani dimenticati in Russia*, Milano

F. Cappellano 2002, *"Scarpe di cartone e divise di tela..." Gli stereotipi e la realtà sugli equipaggiamenti delle truppe italiane in Russia durante la Seconda guerra Mondiale*, "Storia militare" n°10.

A. Ceol (cur.) 2009, *Il battaglione Alpini sciatori "Monte Cervino". La voce dei superstiti*, Aosta

R. Cossaro 1984, *Il battaglione sciatori "Monte Cervino" sul fronte greco- albanese*, Milano

P. Crociani, P. Battistelli 2011, *Italian Army Elite Units & Special Forces*, Oxford

E. Faldella 1959, *L'Italia nella seconda guerra mondiale. Revisione di giudizi*, Bologna

Gruppo Medaglie d'Oro al Valor Militare 1965- 1973, *Le Medaglie d'Oro al Valor Militare*, I- III, Roma

P. Jowett 2000, *The Italian Army 1940- 1945 [1] Europe 1940- 43*, Oxford

P. Jowett 2006, *The Italian Army at War. Europe 1940- 43*, Honk Kong.

L. E. Longo 1991, *I "Reparti speciali" italiani nella Seconda Guerra Mondiale 1940-1943*, Milano

A. Massignani 1991, *Alpini e Tedeschi sul Don*, Valdagno

E. Reginato 1955, *12 anni di prigionia nell'URSS*, Milano

A. Ricchezza 1972, *Storia illustrata di tutta la Campagna di Russia*, Milano

O. Ricchi, L. Striuli 2007, *Fronte Russo. C.S.I.R. Operations 1941- 1942*, Virginia Beach

E. von Rintelen 1947, *Mussolini l'alleato*, Roma

P. Romeo di Colloredo 2010, *Croce di Ghiaccio. CSIR e ARMIR in Russia, 1941- 1943*, Genova

P. Romeo di Colloredo 2019, *"Pista! Il battaglione Alpini sciatori "Monte Cervino", 1941- 1943"*, Ritterkreuz, n. 66, Novembre 2019

G. Scotoni 2007, *L'Armata Rossa e la disfatta italiana*, Trento

T. Schlemmer 2005, *Die Italiener an der Ostfront 1942/1943. Dokumente zu Mussolinis krieg gegen die Sowjetunion*, München- Berlin (tr. It. Roma- Bari 2009)

C. Tomaselli 1943, *Battaglia sul Don*, Milano- Roma

Ufficio Storico dello Stato Maggiore dell'Esercito 1946, *L'8a Armata italiana nella Seconda battaglia difensiva del Don (11 gennaio 1942- 31 gennaio 1943)*, Roma

Ufficio Storico dello Stato Maggiore dell'Esercito 1948, *Le operazioni del C.S.I.R. e dell'Armir dal giugno 1941 all'ottobre 1942*, Roma

Ufficio Storico dello Stato Maggiore dell'Esercito 1978, *L'Italia nella Relazione Ufficiale Sovietica sulla Seconda Guerra Mondiale*, Roma

Ufficio Storico dello Stato Maggiore dell'Esercito 2000, *Le operazioni delle Unità italiane al Fronte russo*, IVa ed, Roma

L. Vaglica 2006, *I prigionieri di guerra italiani in URSS. Tra propaganda e rieducazione politica :"L'Alba" 1943-1946*, Milano 2006

F. Valori 1967, *Gli italiani in Russia. La Campagna del C.S.I.R. e dell'ARMIR*, Milano

B. Vandano 1964, *I disperati del Don. La battaglia del Don 1942- 1943*, Milano

L. Viazzi 1984, *1940- 1943 I diavoli bianchi. Gli Alpini sciatori nella Seconda guerra mondiale. Storia del battaglione "Monte Cervino"*, Milano.

A. Werth 1964, *Russia at War 1941-45*, New York

R. Zizzo 1996, *1942-1943. La tragedia dell'ARM.I.R. nella Campagna di Russia*, Campobassovolta giunti in Italia.

TITOLI GIÀ PUBBLICATI
TITLES ALREADY PUBLISHING

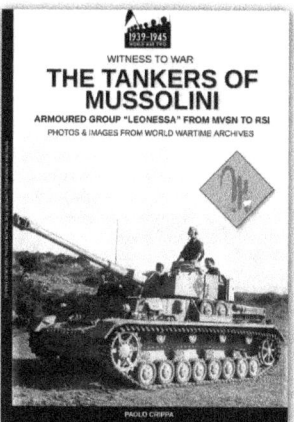
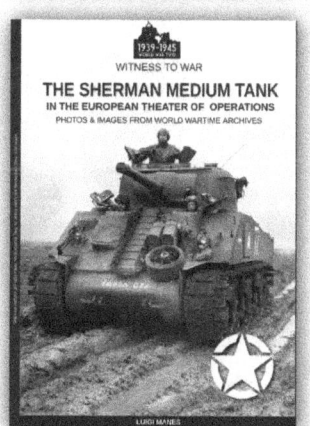

BOOKS TO COLLECT

www.ingramcontent.com/pod-product-compliance
Lightning Source LLC
LaVergne TN
LVHW081544070526
838199LV00057B/3770